Auslaufmodell

Wohin steuert Franziskus die Kirche?

Paul M. Zulehner

Auslaufmodell
Wohin steuert Franziskus die Kirche?

Mit Texten von Wolfgang Schüssel, Friedhelm Hengsbach,
Wolfgang Mazal und Bartholomaios I.

.

Patmos Verlag

VERLAGSGRUPPE PATMOS

PATMOS
ESCHBACH
GRÜNEWALD
THORBECKE
SCHWABEN

Die Verlagsgruppe
mit Sinn für das Leben

MIX
Papier aus verantwor-
tungsvollen Quellen
FSC® C083411

Umschlaggestaltung: Finken & Bumiller, Stuttgart
Druck: GGP Media GmbH, Pößneck
Hergestellt in Deutschland
ISBN 978-3-8436-0668-4

Inhalt

Auftakt

Es war im Oktober 2014. In Rottweil, der wunderschönen alten Stadt am Rande des Schwarzwalds, fand ein regionaler Ökumenischer Kirchentag statt. Ich war zu einem Vortrag zum Thema »(Volks-)Kirche wohin?« eingeladen. Im Anschluss an meine Ausführungen diskutierte ich mit Klaus Siegmeier, dem ehemaligen Chefredakteur des Schwarzwälder Boten. Den neugierigen Mitgliedern der evangelischen und katholischen Kirche stellte er sich als erklärter Atheist vor. Ich verblüffte ihn gleich am Beginn des Gesprächs, dass wir ja eines gemeinsam hätten: nämlich das engagierte Glauben. »Er glaube als Atheist Gott weg, ich glaube ihn her!« Damit war eine gute Gesprächsbrücke geschaffen.

Kirche als Auslaufmodell

Dann aber legte er los und blieb sich diesbezüglich die gesamte Diskussion hin bis zur Schlusszusammenfassung treu: Die christlichen Kirchen seien ein »Auslaufmodell«. Als Begründung bemühte er bekannte »Weniger«-Zahlen: weniger Menschen in den Sonntagsgottesdiensten, weniger Kirchenmitglieder, weniger Theologiestudierende, weniger Männer, die ehelose Priester werden wollen, weniger Ordensleute. Kurzum: Mit den christlichen Kirchen gehe es in Europa zu Ende. Der moderne Bürger, die zeitgenössische Bürgerin bräuchten sie nicht mehr.

Viele im randvollen Saal im evangelischen Johannitergemeindehaus waren sichtlich betroffen. Nicht wenige dachten wohl: Recht hat er. Sind unsere Kirchengemeinden nicht alt und müde geworden? Fehlen nicht die Jungen? So werden alsbald die von Alten nur noch schlecht besetzten Kirchenbänke gänzlich geleert werden und niemand rückt nach. Die Zeit der Kirchen scheint in Europa vorbei zu sein. Was bestenfalls bleibt, so die Sorge nicht weniger auch in den kirchlichen Gremien, ist eine überalterte und gesellschaftlich belanglose Minderheit. Hat der redegewandte atheistische Chefredakteur denn nicht Recht, wenn er den Anwesenden unfreundlich zuruft: Morgen wird es euch nicht mehr geben! Bestenfalls, wenn überhaupt, werdet ihr eine marginale und bedeutungslose kleine Schar sein!

Auslaufmodell anders

»Auslaufmodell« muss aber zumindest sprachlich nicht das Ende eines Anliegens, einer Idee, einer Bewegung signalisieren. Modell deutet vielmehr darauf hin, dass die Art, wie das Anliegen realisiert ist, überholt wird. Der technische Fortschritt macht Modelle, die einst »Einlaufmodelle« waren, zu »Auslaufmodellen«. Sie sind nicht mehr auf dem letzten Stand. Das, worum es geht, kann mit einem neuen weiterentwickelten Modell besser erreicht werden. Das kostet seinen Preis, das neue Modell ist teurer als das auslaufende, das man aus diesem Grund auch günstiger erhalten kann, wenn man auf die Annehmlichkeiten des Folgemodells verzichtet.[1]

Aber dies meinte der atheistische Gesprächspartner nicht. Er war der festen Überzeugung, dass das Modell Kirche kein Nachfolgemodell mehr haben werde. Die Kirche werde einfach verschwinden. Der Glaube werde verdunsten. Die Menschen bräuchten beide nicht mehr für ihr Leben auf dieser schönen modernen Welt. Im Gegenteil: Sie würden hinfort ohne Kirche und Religion leichter leben, keine Sexualneurosen haben, der Friede wäre nicht durch religiös aufgeladene Gewalt bedroht. Religion und Kirchen hätten sich nicht als Segen für die Welt erwiesen, sondern seien lediglich eine abzuwerfende Last. So sei es nur gut, wenn sie beide »auslaufen«, also zu Ende gehen.

Ich besuche den Hafen in Hamburg. Dort ist ein Schiff auf dem Trockendock zur Reparatur. Dann kommt der Tag, an dem das Schiff ins Wasser gelassen wird. Es kann Fahrt aufnehmen und läuft aus – aus dem Hafen. »Auslaufen« hat jetzt eine ganz andere Bedeutung.

»Auslaufen« kann auch ein Bild für das Leben eines Menschen sein. Geborgen im »Hafen des Mutterschoßes«, der umfangen ist vom Herzen Gottes, läuft der Mensch aus diesem bergenden Hafen aus. Mit seinem Lebensschiff durchfährt er die stürmischen und stillen Gewässer des Lebens, um am Ende wieder sterbend in den Hafen des Todes einzulaufen. Beim Auslaufen und Einlaufen gibt es hilfreiche Lotsen: Eltern, Angehörige, Freunde, am Lebensende Menschen mit Hospizerfahrung. Nur wer bei Einlaufen aus stürmischer Lebenssee niemanden hat, der lotst, mag sich wünschen, dass jemand sein Schiff versenkt,

---

1   http://de.wiktionary.org/wiki/Auslaufmodell (27.11.2014)

wenn es in physische oder psychische Seenot gerät, bevor es eingelaufen ist.

Ein neuer Steuermann

Rom hat einen »von weit hergeholten« Bischof. Er gab sich erstmals in der Geschichte der christlichen Kirchen den Namen Franziskus. Die Sorgen einer alt und müde gewordenen Kirche in Europa sind ihm bekannt, hat er doch auf diesem Kontinent einen Teil seiner Studien gemacht. Für ihn sind aber nicht nur die christlichen Kirchen in Europa erschöpft. Der ganze europäische Kontinent erscheint ihm vom winterlichen Raureif der Mutlosigkeit bedeckt zu sein.[2]

Wie ein einfühlsamer Arzt ortet er die Müdigkeit zumal der katholischen Kirche darin, dass sie sich zu sehr mit sich selbst beschäftigt. Wie ein kranker Mensch kreise die Kirche um sich selbst. Sie liege schon zu lange im Trockendock. Sie laufe nicht aus auf die Meere der Welt. Der Papst diagnostiziert daher: »Aber wenn sich die Kirche nicht öffnet. Nicht rausgeht, und sich nur um sich selbst schert, wird sie alt. Wenn ich die Wahl habe zwischen einer Kirche, die sich beim Rausgehen auf die Straße Verletzungen zuzieht, und einer Kirche, die erkrankt, weil sie sich nur mit sich selbst beschäftigt, dann habe ich keine Zweifel: Ich würde die erste Option wählen.«[3]

---

2 Franziskus am 26.11.2014 vor dem Europaparlament/Europarat: http://w2.vatican.va/content/francesco/de/speeches/2014/november/documents/papa-francesco_20141125_strasburgo-parlamento-europeo.html

3 Galgano, Mario: Franziskus. Der Papst vom anderen Ende der Welt. Ein Portrait, Augsburg 2013, 71. – Dieses Bild verwendete der Papst schon in seiner Zeit als Erzbischof von Buenos Aires: »Er hatte die Vision von einer Kirche«, so Wals, »die denjenigen die Hand reicht, um die sich die Gesellschaft offensichtlich nicht kümmert – den alleinstehenden Müttern, den Armen, den Älteren, den Arbeitslosen.« Diese Personengruppen hatten für ihn von Beginn an oberste Priorität, doch zugleich war Erzbischof Bergoglio sehr daran gelegen, auf möglichst viele unterschiedliche Gruppierungen außerhalb der katholischen Kirche zuzugehen, die – um in einem Bild zu bleiben, das er immer wieder verwendete – seiner Meinung nach krank war, weil sie zu lange nach ihrer inneren sakramentalen Spiritualität gelebt hatte, statt sich der Welt zu öffnen, wie sie es eigentlich sollte. »Eine Kirche, die zu lange in der Sakristei verweilt, wird krank«, sagte er gern. Vallely, Paul: Papst Franziskus. Vom Reaktionär zum Revolutionär, Darmstadt 2014, 120 f.

Und worauf warten wir?

Dem neuen Bischof von Rom, der sich aus ökumenischen Gründen nur ungern Papst nennt und auch nicht als »Heiliger Vater« anreden lässt (er kann dann schon einmal scherzhaft mit »heiliger Bruder« antworten!) liegt aber nicht nur am Gesunden durch Auslaufen, obgleich allein das schon für ihn eine heilsame Kirchentherapie wäre. Franziskus verpackt dieses sein kirchentherapeutisches Anliegen in das überlieferte Wort »Mission«. Aus dem geschützten Trockendock auslaufen heißt für ihn »missionarisch werden«.

Das Wort »Mission« ist bei uns eher belastet. Manche verbinden es in ihren Kindheitserinnerungen mit nickenden Heidenkinderstatuen. Wir denken bei »Mission« schnell an die Kolonialisierung in Lateinamerika oder Afrika. In modernen Ländern klingt es nach Eingriff in die Privatsphäre, in die wir die Religion eingesperrt haben. Mit der Privatisierung des Glaubens ist uns aber der missionarische Elan entschwunden.

Zudem war im Bündnis von Thron und Altar, Kaiser und Papst, Europa seit der Konstantinischen Wende durchmissioniert. Jahrhundertelang war es durch Religionsfriedensschlüsse Gesetz, dass man Mitglied einer christlichen Konfession zu sein hatte, oder man wurde ins Jenseits und später zumindest ins Ausland ausgewiesen.

Im profanen Bereich ist das Wort Mission nicht verbraucht. Denn jedes erfolgreiche Unternehmen braucht eine bewegende und attraktive »mission«. Diese zeigt den Mitarbeitenden das gemeinsame Ziel und setzt sie in dessen Richtung in Bewegung. Die dem Unternehmen angehören, ziehen alle mit. Jede und jeder ist wichtig.

Genau in diesem unternehmerischen Sinn möchte Papst Franziskus die Kirche wieder missionarisch haben. Er will keine jammernden und resignierenden Lehnstuhlchristen, die sich in Gremien rasch darauf einigen können, dass die Zeiten schlecht sind und letztlich nichts zu machen ist. Franziskus möchte wie sein Vorgänger Benedikt XVI. eine Kirche, die nicht Menschen für die Kirche »vereinnahmt«, sondern sich für die Menschen verausgabt und sie so »anzieht«.[4] Und mag es für das

---

4   Benedikt XVI.: Homilie während der Eucharistiefeier zur Eröffnung der V. Generalversammlung der Bischöfe von Lateinamerika und der Karibik im Heiligtum »La Aparecida« (13. Mai 2007): AAS 99 (2007), 437.

Schiff der Kirche auch Gegenwind geben: Dann soll die Kirche gegen den Wind kreuzen und so vorankommen.

Papst Franziskus will die lahmen und selbstzufriedenen Christen aufscheuchen. »Wir können nicht passiv abwartend in unseren Kirchenräumen sitzen bleiben.«[5] Er betont die Notwendigkeit, »von einer rein bewahrenden Pastoral zu einer entschieden missionarischen Pastoral überzugehen«. (EG 15) Das geht alle an, die zur Kirche gehören. So fragt er eindringlich in Evangelii gaudium, seiner Regierungserklärung von 2013: »Und wir, worauf warten wir?« (EG 120)

Auslaufen, aber wohin?

Heilige Ungeduld spricht aus diesem Aufruf des Papstes. Franziskus vertraut aber darauf, dass Gottes Geist es ist, der uns in Bewegung setzt. Denn es ist nicht unsere, sondern Gottes Kirche:

> »Er lässt seine Gläubigen immer neu sein, wie alt sie auch sein mögen; sie ›schöpfen neue Kraft, sie bekommen Flügel wie Adler. Sie laufen und werden nicht müde, sie gehen und werden nicht matt‹ (Jes 40,31).« (EG 11)

Kirche als »Auslaufmodell« im Sinn von Franziskus: Darum geht es in diesem knappen pastoraltheologischen Essay über diesen Mann voller Überraschungen, der es schneller als seine Vorgänger auf die Titelseite bedeutsamer Zeitschriften geschafft hat. Aber wohin steuert Franziskus die missionarisch »auslaufende« Kirche?

Was Sie erwartet

Das vorliegende Buch führt in das Leben und in die Kernanliegen von Franziskus in drei großen Abschnitten ein. Diese orientieren sich am »Katakombenpakt«, den Bischöfe unter der Federführung von Bischof Dom Hélder Câmara 1965 in den Domitilla-Katakomben in Rom ge-

---

5   Generalversammlung der Bischöfe von Lateinamerika und der Karibik, Dokument von Aparecida (29. Juni 2007), 548.

schlossen haben. Dort verpflichten sich die zunächst vierzig Unterzeichner – bis zu 600 haben sich später angeschlossen –, die Beschlüsse des Konzils in Bezug auf die Kirche in der Welt von heute und hinsichtlich der innerkirchlichen Erneuerung zunächst persönlich zu leben. Anders würden die Beschlüsse totes Papier bleiben (mehr dazu auf S. 29).

Papst Franziskus ist der erste Papst, der das Zweite Vatikanische Konzil nicht mehr direkt miterlebt hat. Aber dieses ist ihm Orientierung für sein Wirken. Ob er den Katakombenpakt kennt, weiß ich nicht. So wie er aber lebt und wirkt, entspricht das genau den Absichten dieses Pakts. Deshalb kann das Leben und Wirken von Papst Franziskus getrost entlang den drei Teilen des Katakombenpakts vorgestellt werden:

1. Wie »leibt und lebt« Papst Franziskus? Wie organisiert er seinen päpstlichen Alltag?
2. Franziskus ist ein politischer Papst. Der Papst mischt sich ein. Er will keine Kirche, die um sich selbst kreist und so krank wird. Er will sie an den Rändern des Lebens und der Gesellschaft finden. Dort mag sie in ihrem Dienst »zerbeult« werden, aber lieber eine Kirche, die zerbeult ist als eine, die sich heraushält. Der Papst steht für eine arme Kirche mit den Armen, legt sich dabei mit der kapitalistisch ausgerichteten Weltwirtschaft an (»Diese Wirtschaft tötet!«), fährt nach Lampedusa, telefoniert mit Putin und Obama.
3. Der Papst ist ein Kirchenreformer. Er will die – wie er beklagt – ängstlich abgebremsten Reformen des Zweiten Vatikanischen Konzils fortsetzen. Der Blick fällt also auf die Erneuerung der kirchlichen Innenarchitektur. Anliegen sind: Dezentralisierung, Sanierung der Kurie, die zu einer Dienstleistung für die Ortskirchen umgebaut werden soll. Und nicht zuletzt eine Erneuerung der Familienpastoral – eine Wunde der katholischen Weltkirche.

Insofern sich zeigt, dass die Auseinandersetzung mit der neoliberal designten Weltwirtschaft einerseits und die Weiterentwicklung der katholischen Familienpastoral andererseits zwei herausragende Themen des Pontifikats von Franziskus sind, werden diese Themen im hinteren Teil des Buches fachlich vertieft.

1. Zum irritierenden Satz von Papst Franziskus »Diese Wirtschaft

tötet« führe ich ein Gespräch mit dem langjährigen österreichischen Wirtschaftsminister und späteren Bundeskanzler Wolfgang Schüssel. Ideen, die der renommierte deutsche Sozialethiker Friedhelm Hengsbach SJ aus der Schule von Oswald von Nell-Breuning SJ in einem Gespräch im ORF zum selben Thema geäußert hat, werden mit seiner Erlaubnis dokumentiert.

2. Zur Familiensynode hatte der Papst die Ortskirchen aufgefordert, tief in das (Kirchen-)Volk hineinzufragen. Die Katholische Aktion Österreichs hat das wie viele andere Ortkirchen gemacht. Die zentralen Ergebnisse dieser Studie werden in einem historischen Kontext präsentiert. Die Ergebnisse der Studie zeigen, wie tiefgreifend der Wandel im Verständnis der Ehe und dahinter der Liebe heute ist. Man kann in modernen Kulturen von einer »Krise der halbierten Liebe« sprechen. Ehe hat sich vom Vertrag zum Vertragen gewandelt, also entinstitutionalisiert und personalisiert. Zudem tun sich in unserer zum Narzissmus neigenden Konsumkultur viele Liebende schwer, das Leid in die Liebe zu integrieren. Immer öfter werden die »bösen Tage« aus der Liebe ausgelagert. Man will miteinander leben, solange der geliebte Mensch für »gute Tage« bürgt. Was aber bedeutet das für die Liebe selbst und für eine einfühlsame pastorale Begleitung von Liebenden durch die Kirche, die das Evangelium auch in die Liebesgeschichten moderner Zeitgenossinnen und Zeitgenossen einweben will?

Karikaturen

Eingestreut in die meditativen Überlegungen finden sich in diesem Essay Karikaturen über Papst Franziskus. Sie lockern nicht nur den Text auf und regen zum Schmunzeln an, sondern vertiefen und spitzen da und dort eine Thematik zu. Einer der bekannten amerikanischen Papst-Karikaturisten, Patrik Marrin, hat eine kleine Sammlung von Zeichnungen über die letzten drei Päpste als E-Book[6] herausgebracht; derzeit

6   Outside the Lines. A Collection of National Catholic Reporter Cartoons by Pat Marrin, E-Book 2013. – Dieses E-Book enthält auch Karikaturen über die Päpste vor Franziskus.

arbeitet er für den National Catholic Reporter und macht Cartoons, in denen »Pope Francis« und der Franziskanerbruder Leo die Protagonisten sind.

Patrik Marrin – er signiert seine Comics mit Pat Marrin – vermerkt in der Einführung des elektronischen Buches, dass Papst Franziskus mit Karikaturen nicht nur gut leben kann. Vielmehr nimmt er den Humor, der dem Papstamt innewohnt, selbst vorweg, indem er sich nicht an Protokoll und Pomp hält. Damit zieht er aber die Aufmerksamkeit auf Tieferes. Die Rolle der Kirche in der Welt wird klarer. Marrin: »When the pope makes us smile with his humble ways, surprising gestures and statements, the church suddenly turns a different face to a troubled world and though problems remain we lighten up, feel more hopeful.«[7]

»Humor is both healthy and necessary when the news seems overwhelming« – Humor, so Pat Marrin, ist ebenso gesund wie notwendig, sobald Neuigkeiten uns überwältigen.

---

7   Wenn der Papst uns mit seiner demütigen Art, seinen überzeugenden Gesten und Aussagen schmunzeln macht, dann wendet plötzlich die Kirche ein anderes Gesicht zu einer besorgten Welt und wenn auch die Probleme bleiben, wird es für uns heller, wir fühlen dann mehr Hoffnung.

Das Überraschungsei

2013 war ein turbulentes Jahr für die katholische Kirche. Benedikt XVI. trat zurück. Die Kräfte hätten ihn verlassen. Dies versteht, wer auf die in den letzten Jahren seines Pontifikats auf ihn einstürzenden Herausforderungen blickt: die Rehabilitation des Bischofs Richard Williamson trotz Holocaustleugnung, mafiose Verflechtungen der Vatikanbank, Missbrauch von Kindern durch Priester in aller Welt und nicht zuletzt das ihm durch Vatileaks demonstrierte Misstrauen seiner nächsten kurialen Umgebung. Benedikt ist ein herausragender Intellektueller und musischer Mensch: In die Papstgeschichte wird er durch seine tiefsinnigen Enzykliken eingehen. Den intriganten Zerreißproben in der Kurie aber war er nicht gewachsen. Regieren gehörte nicht zu seinen Stärken, schon im Erzbistum München nicht, umso weniger im Vatikan. Personalpolitisch hatte er keine gute Hand.

Benedikt hinterließ seinem Nachfolger ein schier untragbares Erbe. An der Reform der Kurie ist schon der mächtige Johannes Paul II. gescheitert. Dieser hatte sich neben der mächtigen Kurie eine kleine polnische Kurie unter seinem Sekretär Stanisław Dziwisz eingerichtet. Unter Benedikt XVI. wurde die Lage aber katastrophal. Der Rücktritt Benedikts war unausweichlich. Nach ihm musste ein Papst gewählt werden, der den Vatikan modernisiert und zu einer Dienstleistungseinrichtung für den Papst wie für die Ortsbischöfe macht. Das war der klare Auftrag der Generalkongregation der Kardinäle vor der Wahl an den noch nicht gewählten Papst. Der dann gewählt wurde, war eine Überraschung.

Insider, wie Mitarbeitende in der Abteilung Religion im ORF, hatten neben dem brasilianischen Kardinal Odilo Pedro Scherer und dem italienischen Kardinal Angelo Scola auch den Kardinal von Buenos Aires auf ihrem »Radar«. Kardinal Jorge Bergoglio, geboren am 17. Dezember 1936 in Buenos Aires als ältester von fünf Kindern italienischer Auswanderer, war vielen Kardinälen allerdings kein Unbekannter. Bei der Wahl von Benedikt im Jahre 2003 galt er als die von Kardinal Carlo Maria Martini empfohlene Alternative. Kardinal Martini hatte nach dem ersten Wahlgang, bei dem er mit Kardinal Joseph Ratzinger gleichauf war, wegen seiner Parkinsonkrankheit gebeten, ihm keine weiteren

Abbildung 1: Das Überraschungs-Aires
© Paolo Calleri, www.paolo-calleri.de

Stimmen mehr zu geben. Bergoglio »unterlag« Ratzinger damals (leider). 2013 wurde er im fünften Wahlgang gewählt.

Obwohl ihn also einige Kardinäle gut kannten und schätzten, war seine relativ schnelle Wahl für nicht wenige eine Überraschung. Kein Europäer. Ein Papst mit Migrationshintergrund: Seine Eltern waren aus Norditalien ausgewandert. Ein franziskanischer Jesuit, der sich nach dem Nationalheiligen Italiens aus Assisi benannte.

Militärjunta

Dem soeben Gewählten in medialem Eifer Kollaboration mit der Militärjunta Argentiniens anzuhängen, misslang, hatte aber kurzzeitig zu vielen entsprechenden Karikaturen geführt. Angesehene Persönlichkeiten wie der Literaturnobelpreisträger Adolfo María Pérez Esquivel oder auch der Befreiungstheologe Leonardo Boff brachten das Thema rasch zum Verstummen.

Dem Papst selbst scheint aber diese Zeit sehr zugesetzt zu haben. Er war jung Provinzial der Jesuiten in Argentinien geworden. Und das in politisch dunklen Zeiten, die – blickt man auf die Zeit des National-sozialismus oder des Kommunismus in Osteuropa – selbst herausra-gende und erfahrene Kirchenführer überfordert hatte. Der Jesuit Jorge Bergoglio galt in diesen Jahren politisch eher als rechts. Er lehnte wie viele auch in der Römischen Kirchenzentrale die marxistisch orientier-

Abbildung 2: Im Schatten der Junta
© Harm Bengen / toonpool.com

ten Theologien der Befreiung ab. Deshalb wollte er auch seine Mitbrü-der aus der Arbeit mit den Armen abrufen, was ihm aber nicht gelang. Die Auseinandersetzung mit seinen engagierten Mitbrüdern verlief denkbar unglücklich. Der Entzug der Erlaubnis, öffentlich die Messe zu zelebrieren, war möglicherweise von der Militärjunta in der Richtung (miss)verstanden worden, dass ihnen die Kirchenleitung die schützende Hand entzogen hatte. Fünf Monate Folter für die beiden »ausgeschlos-senen« Jesuiten waren die Folge. Der Provinzial hatte die Jesuiten in Argentinien tief gespalten hinterlassen. Schrittweise haben ihn die Oberen an Orte gestellt, wo er nicht mehr auf den Orden gestaltend Ein-fluss nehmen konnte. Die letzte Station war ein halbes Jahr Cordoba, wo Jorge Bergoglio mit den spirituellen Mitteln seines Ordensgründers Ignatius seine Tätigkeit der letzten Jahre auswertete. Dabei muss er in einer dreifachen Hinsicht eine tiefe Veränderung erlitten und erlebt haben.

- Aus dem Gegner des Zweiten Vatikanischen Konzils wurde ein feuriger Verfechter.
- Die Ablehnung der Befreiungstheologie wich einem starken Engagement in den Armenvierteln von Buenos Aires.[8] Er fand eine Zuneigung zur »Argentinischen Befreiungstheologie«, die sich nicht auf Karl Marx stützte, sondern sich als eine Theologie des Volkes und der Kultur verstand.
- Sein ziemlich autoritärer Leitungskurs wurde kollegial und synodal. Bergoglio wurde ein Lernender, der freilich entschied, wenn im Zuge des Zuhörens und der »Unterscheidung der Geister« in ihm Klarheit gewachsen war.
- Indem er seine eigene Versuchung zum Klerikalismus entdeckt hatte, begann er unnachgiebig die vielfältigen Formen des Klerikalismus zu bekämpfen. Er entdeckte in diesem Zusammenhang die Bedeutung der Laien. Die Dogmatische Konstitution über die Kirche (Lumen gentium) und die Dekrete über die Laien (Apostolicam actuositatem) gaben ihm pastorale Ausrichtung.
- Kurzum: Aus dem vergangenheitsgebundenen »Reaktionär« wurde ein zukunftsoffener »Revolutionär«, so der Biograf Paul Vallely.[9]

Das hier vorgelegte pastoraltheologische Essay ist auf die Zeit nach diesem tiefgreifenden Wandel fokussiert. Der Wandel aber erklärt, warum drei Themen im Pontifikat von Papst Franziskus zentral sind:

- Nach zwei Pontifikaten der Retardierung unter Johannes Paul II. und Benedikt XVI. setzt er den vom *Zweiten Vatikanischen Konzil* eröffneten Reformprozess entschlossen fort.
- Er setzt auf eine *synodale und kollegiale Organisationskultur* in der Kirche. In dieser Richtung will er die kirchlichen Strukturen und Vorgänge verändern. Das Programm der Dezentralisierung der Weltkirche ist in diesem Rahmen konsequent. Die Aufwertung der Laien und parallel dazu der Abbau auch subtiler Formen des Klerika-

---

8 Entscheidend war, dass Jorge Bergoglio theologisch dadurch lernte, dass er tief in das alltägliche Leben der Menschen eintauchte:»Der Erzbischof wanderte allein die Gassen von Villa, posierte für die Fotografen, wenn er darum gebeten wurde. Bergoglio, so sagten die Einheimischen, war campechano (freundschaftlich). Einige nannten ihn nicht Pater, sondern el chabon (›der Kumpel‹). Er ging ungezwungen mit den Menschen um, die seiner Ansicht nach auf die ›Müllhalde des Lebens‹ geworfen worden waren, wie er es einem seiner Helfer zufolge selbst ausdrückte.« Vallely: Papst Franziskus, 114.

9 Vallely: Papst Franziskus.

lismus gehen damit einher. »Bei den vierzehntägigen Zusammenkünften ging Bergoglio in der Regel um den Tisch herum und sammelte Vorschläge. Er überdachte sie sorgfältig, aber wenn eine Entscheidung anstand, ›traf er sie selbst‹, wie Marco betonte. Es gab keine Abstimmung. Wenn er sich mit einer schwierigen Frage konfrontiert sah, so Federico Wals, ein Laie, der Marco als Bergoglios PR-Mann nachfolgte, ›griff er zum Telefon und erkundigte sich bei verschiedenen Leuten nach ihren Ansichten. So bekam er unterschiedliche Standpunkte zu hören, und dann entschied er selbst‹.«[10]

- »Mit den Jahren aber war aus ihm ein Mann geworden, der das Gute in anderen sehen und das Gemeinsame betonen wollte und dem nichts daran lag, sich über die Einzigartigkeit seiner religiösen Identität zu definieren.«[11]
- Schließlich ist ihm die *Barmherzigkeit* ein Herzensanliegen. Wer sein eigenes Erschrecken über sein oft zwiespältiges Handeln in der Zeit der Militärdiktatur auch nur annähernd erahnt, wird die vielen Aussagen verstehen, nach denen er selbst sich mit Erbarmen beschenkt erlebte und erlebt. Auch die Wahl zum Papst nimmt er als Beweis des Erbarmens Gottes mit ihm wahr. Und eben deshalb wünscht, ja fordert er ein Handeln der Kirche, welches das überreiche und bedingungslose Erbarmen Gottes für alle Menschen erfahrbar macht. »Barmherzigkeit war bislang das Thema von Papst Franziskus. Sie war auch Gegenstand seiner Predigt am ersten Sonntag nach seiner Wahl. ›Die Barmherzigkeit ist die stärkste Botschaft des Herrn‹, sprach er zu der Gemeinde in der kleinen Kirche Sant'Anna, die sich mitten im Vatikan befindet. ›Es ist nicht leicht, sich der Barmherzigkeit Gottes anzuvertrauen, denn das ist ein unergründlicher Abgrund. Aber wir müssen es tun!‹ Von Jesus, so sagte er, würden wir ›keine Worte der Verachtung hören, wir hören keine Worte der Verdammung, sondern nur Worte der Liebe, der Barmherzigkeit, die uns zur Umkehr auffordern‹.«[12]

Wer aber ist Franziskus? Was bewegt ihn? Woran orientiert er sich? Woraus schöpft er? Vielleicht ist es leichter, den Papst zu zeichnen, denn ihn zu beschreiben. Aber es ist einen Versuch wert.

---

10 AaO., 119.
11 AaO., 122.
12 AaO., 161.

Den Geist des Konzils wieder entfachen

Feststeht, dass Papst Franziskus sich an dem ausrichtet, was Gottes Geist seine Kirche auf dem Zweiten Vatikanischen Konzil gelehrt hat. Er ist entschlossen, auf jenem Weg voranzuschreiten, den das Konzil für die katholische Weltkirche eröffnet hat. Dabei macht er keinen Hehl daraus, dass es seiner Einschätzung nach in der letzten Zeit an dieser Entschlossenheit gefehlt hat.

Es war just am Geburtstag seines emeritierten Vorgängers Benedikt. Mit ihm feierte er in der Kapelle des Gästehauses Santa Marta den Morgengottesdienst. Zumeist liest er bei diesem eine kleine schriftlich vorbereitete Homilie. Spannend wird es zumeist, wenn er das Manuskript beiseitelegt und seinem Herzen freien Lauf lässt. So geschah es bei der Messe an diesem Morgen, an dem des 86. Geburtstages von Benedikt gedacht wurde. Papst Franziskus kam unvermittelt auf das Zweite Vatikanische Konzil zu sprechen, genauer, was aus ihm geworden ist. Hier die Meldung von Radio Vaticana über diese Predigt unter der Überschrift »Papst Franziskus bemängelt Umsetzung des Zweiten Vatikanums«:

>»Der Heilige Geist drängt zum Wandel, und wir sind bequem«: Papst Franziskus hat in seiner Predigt am Dienstagmorgen deutlich Stellung bezogen und die mangelhafte Umsetzung des Zweiten Vatikanischen Konzils beklagt. Das sei vor allem ein geistliches Problem, so der Papst:
>»Um es klar zu sagen: Der Heilige Geist ist für uns eine Belästigung. Er bewegt uns, er lässt uns unterwegs sein, er drängt die Kirche, weiterzugehen. Aber wir sind wie Petrus bei der Verklärung, ›Ah, wie schön ist es doch, gemeinsam hier zu sein.‹ Das fordert uns aber nicht heraus. Wir wollen, dass der Heilige Geist sich beruhigt, wir wollen ihn zähmen. Aber das geht nicht. Denn er ist Gott und ist wie der Wind, der weht, wo er will. Er ist die Kraft Gottes, der uns Trost gibt und auch die Kraft, vorwärts zu gehen. Es ist dieses ›vorwärts gehen‹, das für uns so anstrengend ist. Die Bequemlichkeit gefällt uns viel besser.«
>Wir seien heute viel zu zufrieden mit der angeblichen Anwesenheit des Heiligen Geistes, und diese Zufriedenheit sei eine Versuchung. Das gelte zum Beispiel mit Blick auf das Konzil:

»Das Konzil war ein großartiges Werk des Heiligen Geistes. Denkt an Papst Johannes: Er schien ein guter Pfarrer zu sein, aber er war dem Heiligen Geist gehorsam und hat dieses Konzil begonnen. Aber heute, 50 Jahre danach, müssen wir uns fragen: Haben wir da all das getan, was uns der Heilige Geist im Konzil gesagt hat? In der Kontinuität und im Wachstum der Kirche, ist da das Konzil zu spüren gewesen? Nein, im Gegenteil: Wir feiern dieses Jubiläum und es scheint, dass wir dem Konzil ein Denkmal bauen, aber eines, das nicht unbequem ist, das uns nicht stört. Wir wollen uns nicht verändern und es gibt sogar auch Stimmen, die gar nicht vorwärts wollen, sondern zurück: Das ist dickköpfig, das ist der Versuch, den Heiligen Geist zu zähmen. So bekommt man törichte und lahme Herzen.«

Dasselbe gelte für das eigene geistliche Leben: Der Heilige Geist dränge zu einem Leben gemäß dem Evangelium, aber wir seien zu bequem, wir widersetzten uns dem. Dem Heiligen Geist dürfe man sich aber nicht widersetzen, denn er mache die Menschen frei, er gebe ihnen die Freiheit der Kinder Gottes und bringe sie auf dem rechten Weg voran.

Geburtstagsmesse

Papst Franziskus feierte die Messe anlässlich des 86. Geburtstages für Benedikt XVI. Zum Beginn des Gottesdienstes, den der Papst mit einigen Mitarbeitern des Governatorats des Vatikanstaates in der Kapelle des Gästehauses Santa Marta feierte, sagte Franziskus:

»Heute ist der Geburtstag von Benedikt XVI., feiern wir diese Messe für ihn, damit der Herr mit ihm sei, ihm Trost spende und ihm Halt gebe!«

Ins Positive gewendet wünscht sich Papst Franziskus wiederum ein »Neues Pfingsten«. Ein solches hatte Papst Johannes XXIII., den Franziskus am 27. April 2014 heiliggesprochen hat, vom Konzil erwartet. Doch der geistgewirkte Aufbruch, der eine ganze Konzilsgeneration erfasst hatte, erlahmte unter den Päpsten Johannes Paul II. und Benedikt XVI. nach und nach. Das hatte verschiedene Gründe.

Der erlahmte Konzilsaufbruch

Johannes Paul II.

Johannes Paul II. retardierte zumindest die Entwicklung, auch wenn er oft mit dem Konzil argumentiert hat. Man kann ihn verstehen. Er kam aus einem Land, in dem der Kommunismus die Rezeption des Konzils behindert hatte, weil eine museale Kirche das marxistisch angestrebte Absterben der Religion beschleunigen, Reformen aber dieses hinauszögern würden.

Aber auch innerkirchlich hielt man die um den Altar und damit um den Priester versammelte vorkonziliare Gestalt der Untergrundkirche gegenüber den Kommunisten als resistenter, weil geschlossener; eine Umsetzung des Konzils hätte Unruhe gebracht und die Kirche, so meinte man, geschwächt.

Johannes Paul II. war klar, dass zumal nach 1989 die Kirchen in Ost(Mittel)europa viele konziliare Reformen »nachholen« sollten. Dazu ernannte er auch gemäßigt reformfreudige Bischöfe. Zugleich wollte Johannes Paul II. in Europa eine Kirche, die mit zwei gleichstarken Lungenflügeln atmet. Auf die Umsetzung des Konzils angewendet hieß das, den osteuropäischen Ortskirchen Zeit zum Aufholen zu geben – zugleich aber die Ortskirchen in Westeuropa in ihrem Reformtempo abzubremsen. Dem entsprachen auch die Bischofsernennungen in Westeuropa.

Benedikt XVI.

Bei Benedikt XVI. stellt sich die Lage anders dar. Zwar war der Papst als Konzilstheologe am Entstehen nicht weniger Beschlusstexte beteiligt; Kardinal Höffner hatte den jungen Professor als seinen theologischen Berater zum Konzil mitgenommen. Doch veränderte Joseph Ratzinger alsbald seine Haltung zum Konzil. 1975 hat er im Bayerischen Rundfunk einen Vortrag gehalten. 10 Jahre Abschluss des Konzils wurden gefeiert. Seine Rundfunkrede begann er so: »Wer heute nach zehn Jahren auf das Zweite Vatikanische Konzil zurückschaut, wird kaum noch auf den Gedanken kommen, darin ein Zweites Pfingsten zu sehen. Viel eher wird ihm ein Wort in den Sinn treten, das der Konstantinopler Bischof

Gregor von Nazianz angesichts der Konzilien seines Jahrhunderts, des vierten nachchristlichen, prägte ... Gregor schrieb damals an einen Provinzbeamten namens Prokupius, der ihn zu einem Konzil eingeladen hatte, den resignierenden Satz: ›Um die Wahrheit zu sagen, so halte ich dafür, dass man jedes Konzil der Bischöfe fliehen sollte, da ich einen glücklichen Ausgang noch bei keinem Konzil erlebte. Auch nicht die Abschaffung von Übelständen. Immer dagegen Ehrsucht oder Zank ums Vorgehen‹.«

Diese Einleitung erinnert an die umstrittene Rede von Papst Benedikt XVI. in Regensburg vom 12. September 2006, wo er auch in akademischer Abgehobenheit einen christlichen Schriftsteller zitierte, der Mohammed Unmenschlichkeit nachsagte: »In der von Professor Khoury herausgegebenen siebten Gesprächsrunde ($\delta\iota\acute{\alpha}\lambda\epsilon\xi\iota\varsigma$ – Kontroverse) kommt der Kaiser auf das Thema des Djihād, des heiligen Krieges zu sprechen. Der Kaiser wusste sicher, dass in Sure 2, 256 steht: Kein Zwang in Glaubenssachen – es ist wohl eine der frühen Suren aus der Zeit, wie uns ein Teil der Kenner sagt, in der Mohammed selbst noch machtlos und bedroht war. Aber der Kaiser kannte natürlich auch die im Koran niedergelegten – später entstandenen – Bestimmungen über den heiligen Krieg. Ohne sich auf Einzelheiten wie die unterschiedliche Behandlung von ›Schriftbesitzern‹ und ›Ungläubigen‹ einzulassen, wendet er sich in erstaunlich schroffer, für uns unannehmbar schroffer Form ganz einfach mit der zentralen Frage nach dem Verhältnis von Religion und Gewalt überhaupt an seinen Gesprächspartner. Er sagt: ›Zeig mir doch, was Mohammed Neues gebracht hat, und da wirst du nur Schlechtes und Inhumanes finden wie dies, dass er vorgeschrieben hat, den Glauben, den er predigte, durch das Schwert zu verbreiten.‹«[13]

Ein Beben ging damals durch die islamische Welt, eine in Afrika wirkende Ordensfrau wurde von aufgebrachten Muslimen ermordet. Der Papst milderte unter dem Eindruck des Protests selbst in einer Fußnote die Einleitung zum Zitat ab und schob die Formulierung »für uns unannehmbar« ein.[14] Kurze Zeit später wurde dem Papst trotz

---

13 Controverse VII 2c; bei Khoury S. 142/143; Förstel Bd. I, VII. Dialog 1.5, S. 240/241.

14 »Dieses Zitat ist in der muslimischen Welt leider als Ausdruck meiner eigenen Position aufgefasst worden und hat so begreiflicherweise Empörung hervorgerufen. Ich hoffe, dass der Leser meines Textes sofort erkennen kann, dass dieser Satz nicht meine eigene Haltung dem Koran gegenüber ausdrückt, dem gegenüber ich die Ehrfurcht empfinde,

vieler versöhnlicher Gesten in der Türkei kein euphorischer Empfang bereitet.

Nach der Einleitung zu seiner Rundfunkrede im Jahre 1975 mit Hilfe des Kirchenvaters Gregor von Nazianz bescheinigte Joseph Ratzinger dem Konzil zunächst durchaus einige theologische Fortschritte. Vereinseitigungen seien behoben worden. Konkret nannte er folgende theologische Pluspunkte:

- Das Konzil habe die gefährlich isolierte Primatslehre wieder ins Ganze der Kirche eingefügt.
- Das isoliert hierarchische Denken wurde wieder in das eine Mysterium des Leibes Christi integriert.
- Die isolierte Mariologie sei wieder ins große Gefüge des Glaubens zurückgebunden worden.
- Dem biblischen Wort sei sein voller Rang eingeräumt worden.
- Die Liturgie sei zugänglicher gemacht worden.
- Das Konzil habe einen mutigen Schritt auf die Einheit der Christen zu gemacht.

Dann aber kritisierte Professor Joseph Ratzinger heftig den naiven Optimismus des Konzils. Er sprach von einer Selbstüberschätzung vieler, die es trugen und propagierten, was die finsteren Diagnosen früherer Kirchenmänner über die Gefahr von Konzilien in einer erschreckenden Weise rechtfertige. Und so beschloss er seine Rede: »Nicht alle gültigen Konzilien sind auch kirchengeschichtlich zu fruchtbaren Konzilien geworden. Von manchen bleibt am Ende nur ein großes Umsonst. Noch ist über den geschichtlichen Rang des Zweiten Vaticanums trotz alles Guten, das in seinen Texten steht, das letzte Wort nicht gesprochen. Ob es am Ende zu den Lichtpunkten der Kirchengeschichte zählen wird, hängt von den Menschen ab, die das Wort in Leben umsetzen.«

Eine solche kritische Sicht auf das Konzil macht nicht zu einem »Umsetzer«. Papst Benedikt war keiner, der die katholische Kirche mutig auf dem Weg der Reformen des Konzils voranbringen wollte. Er war eher ein Verteidiger, auf keinen Fall ein Mittelstürmer. Viele Details sprechen für eine solche Einschätzung:

die dem heiligen Buch einer großen Religion gebührt. Bei der Zitation des Texts von Kaiser Manuel II. ging es mir einzig darum, auf den wesentlichen Zusammenhang zwischen Glaube und Vernunft hinzuführen. In diesem Punkt stimme ich Manuel zu, ohne mir deshalb seine Polemik zuzueignen.«

- Von Johannes Paul II. hatte er als unvollendete Aufgabe übernommen, die Abspaltung der Pius-Brüder zu überwinden. Um dieses Ziel zu erreichen, machte er diesen Zugeständnisse, welche einige Errungenschaften des Konzils zumindest relativierten.
- Eine Verneigung vor den Pius-Brüdern sollte es werden, dass er die Exkommunikation des Bischofs Richard Williamson aufhob, von dessen Holocaustleugnung er wegen seiner Internetabstinenz und dem fatalen Versagen seines Kardinal-Staatssekretärs Tarcisio Bertone nicht gewusst zu haben beteuerte. Die sogenannte »Tridentinische Messe« machte er samt ihrer überholten Leseordnung, die in der Liturgiereform des Konzils von antijudaistischen Elementen gereinigt worden war, wieder hoffähig.
- Den Deutschen Bischöfen »riet« er bei der Neubearbeitung des Messbuches, im Einsetzungsbericht nicht »für alle vergossen«, sondern »für die vielen« zu formulieren – wobei er theologisches Schmunzeln hervorrief, weil er zugleich den Deutschen Bischöfen nahelegte, eine Katechese zu entwerfen, in der die Menschen erfahren sollten, dass »die vielen« im Kontext der biblischen Erlösungshoffnung faktisch »für alle« bedeutet.

Kurzum, Papst Benedikt war ein Konzilsskeptiker, der einige erreichte Reformen wieder rückbaute. Für weiteren Aufbruch stand er wahrlich nicht.

Abbildung 3: Franziskus überholt Benedikt links
Francis, the comic strip Pat Marrin | Apr. 17, 2014. National Catholic Reporter, © ncronline.org

Franziskus

Ganz anders Papst Franziskus. Er möchte, dass der gezähmte Heilige Geist auch in der katholischen Kirche wieder frei fliegen kann. Franziskus, der nicht nur Theologie, sondern auch Chemotechnik und Geisteswissenschaften studiert hatte, sich mit Literatur beschäftigte und diese auch unterrichtete, wollte eine Begegnung der Kirche mit dem Reichtum der Kulturen auf dem ganzen Erdkreis. Das geht allerdings nur, wenn die katholische Weltkirche nicht mehr uniformistisch-europäisch geprägt ist.

Die Ortskirchen auf den verschiedenen Kontinenten gewinnen gerade wegen der kulturellen Verschiedenheiten für Franziskus an Bedeutung, und zwar sowohl in ihrer jeweiligen pastoralen Ausrichtung, aber auch in ihrem »Lehramt«. Blickte Papst Benedikt mit seiner »Relativismuskritik« vor allem auf die (west)europäische Kultur, so hat Papst Franziskus die unterschiedlichen Weltregionen im Blick. In Evangelii gaudium sagt er einmal unvermittelt: »wie die Bischöfe Nordost-Indiens lehren«[15] oder »wie die Bischöfe der Vereinigten Staaten von Amerika zu Recht festgestellt haben«[16]. Dann vermerkt er, dass »die Bischöfe Ozeaniens gefordert« haben[17]. An einer anderen Stelle nimmt er ein Lehramt der Kirche in Lateinamerika an: »Auf dieser Linie haben die lateinamerikanischen Bischöfe bekräftigt«[18]. Die Enteuropäisierung einer uniformisierten katholischen Kirche und ihre Weitung zu einer an Vielfalt reichen Weltkirche haben in der Führung der Kirche durch Papst Franziskus einen ganz hohen Stellenwert. Lehramt ist an allen Orten der Weltkirche, nicht nur beim Papst oder in der Glaubenskongregation.

Nicht liberal, sondern radikal

Dahinter steht die Ekklesiologie des Zweiten Vatikanischen Konzils. »Das Volk Gottes ist heilig in Entsprechung zu dieser Salbung, die es ›in

15   EG 48.
16   EG 64.
17   EG 115.
18   EG 15.

26

credendo‹ unfehlbar macht. Das bedeutet, dass es, wenn es glaubt, sich nicht irrt, auch wenn es keine Worte findet, um seinen Glauben auszudrücken. Der Geist leitet es in der Wahrheit und führt es zum Heil.«[19] »Als Teil seines Geheimnisses der Liebe zur Menschheit begabt Gott die Gesamtheit der Gläubigen mit einem Instinkt des Glaubens – dem sensus fidei –, der ihnen hilft, das zu unterscheiden, was wirklich von Gott kommt.«[20]

Des Papstes Franziskus Entschlossenheit, dem Konzil neuerlich Raum zu verschaffen, macht ihn aber nicht, wie manche Reformkreise es gern hätten, zu einem liberalen Papst. Vielmehr ist Papst Franziskus »radikal«.[21] Es geht ihm nicht primär um eine strukturelle Modernisierung der katholischen Weltkirche – um diese auch! –, sondern vor allem darum, dass die Kirche ihre krankmachende Introvertiertheit überwindet. Sie soll sich öffnen und dabei nicht nur irgendwohin in der modernen Welt gehen, sondern vorrangig an die Ränder der Gesellschaft – hin zu den Armen und Armgemachten, den Verwundeten und Kranken, den arbeitslosen Jugendlichen und den vereinsamten Alten, den Kindern in den Favelas in Rio und zu den Bootsflüchtlingen in Lampedusa. »Die Kirche ist aufgerufen, aus sich selbst heraus und an die Peripherie zu gehen. Nicht nur an die geografische Peripherie, sondern an die Grenzen der menschlichen Existenz: die des Mysteriums der Sünde, die des Schmerzes, die der Ungerechtigkeit, die der Ignoranz, die der fehlenden religiösen Praxis, die des Denkens, die jeglichen Elends.«[22]

Evangelium sine glossa

Diese Orientierung an den jesuanischen »Wurzeln« (lat. radix) der Kirche – in diesem Sinn »Radikalität« – teilt Papst Franziskus mit seinem Namensgeber, dem heiligen Franz von Assisi. Der Name selbst ist ein gefährliches Programm. Charakteristisch für den Poverello aus Umbrien ist dessen unbeugsame Entschlossenheit, das Evangelium »sine

---

19   Zweites Vatikanisches Konzil, Lumen gentium, 12.
20   EG 119.
21   So sieht das auch der Biograf Vallely, Paul: Papst Franziskus, 11.
22   Merz, Esther-Marie/Schwabeneder, Mathilde: Franziskus. Vom Einwandererkind zum Papst. Mit einem Vorwort von Bischof Erwin Kräutler, Wien 2013, 148.

Abbildung 4: Erstaunliche Vorgänge im Vatikan
»Erstaunliche Vorgänge im Vatikan« © 1.12.2013 im KURIER, Michael Pammesberger

glossa« (ohne Abstriche) zu leben, zugleich aber auch ohne das im Laufe der Jahrhunderte Hinzugefügte.

Diese Orientierung von Papst Franziskus am ungeschminkten Evangelium scheint in der Kirche nicht wenige zu beunruhigen.

Mich erinnert diese Sorge mancher, dass der Papst sich zu sehr an der Bibel orientiert, an einen Ausspruch des überaus traditionsorientierten österreichischen Bischofs Kurt Krenn vor laufender Kamera bei einer Diskussion im ORF. Ich griff während der Debatte in meine Tasche und nahm die Bibel heraus. Darauf der Bischof: »Ach, Herr Professor, hören Sie mir mit der Bibel auf!«

Katakombenpakt 1965

Dass Papst Franziskus das Zweite Vatikanische Konzil und diesem zu-
grundeliegend das Evangelium ohne Abstriche topwichtig sind, zeigt
sich daran, dass des Papstes Leben und Handeln mit den Positionen des
Katakombenpakts aus dem Jahre 1965 überaus ähnlich sind.[23]
Es war der große Bischof der Armen Dom Hélder Câmara, der 1965
gegen Ende des Konzils zunächst vierzig Bischöfe in den Domitilla-
Katakomben versammelt hatte. Dieser war davon überzeugt, dass die
Beschlüsse des zu Ende gehenden Zweiten Vatikanischen Konzils nur
dann von den Menschen erfreut aufgenommen werden, wenn die
Bischöfe ihr eigenes Leben und Tun an ihnen ausrichten.
So lautet die Einleitung zum Katakombenpakt:
*Als Bischöfe, die sich zum Zweiten Vatikanischen Konzil versammelt
haben;*
- *die sich dessen bewusst geworden sind, wie viel ihnen noch fehlt, um
  ein dem Evangelium entsprechendes Leben in Armut zu führen;*
- *die sich gegenseitig darin bestärkt haben, gemeinsam zu handeln, um
  Eigenbrötelei und Selbstgerechtigkeit zu vermeiden;*
- *die sich eins wissen mit all ihren Brüdern im Bischofsamt;*
- *die vor allem aber darauf vertrauen, durch die Gnade unseres Herrn
  Jesus Christus sowie durch das Gebet der Gläubigen und Priester unserer Diözesen bestärkt zu werden;*
- *die in Denken und Beten vor die Heilige Dreifaltigkeit, vor die Kirche
  Christi, vor die Priester und Gläubigen unserer Diözesen hintreten;*
*nehmen wir in Demut und der eigenen Schwachheit bewusst, aber auch
mit aller Entschiedenheit und all der Kraft, die Gottes Gnade uns zukom-
men lassen will, die folgenden Verpflichtungen auf uns …*
Auf diese bewegende Einleitung folgen im Katakombenpakt drei
knappe Teile:
- Der erste Teil befasst sich mit den Auswirkungen des Konzils auf das
  persönliche Leben der Unterzeichner.
- Der zweite Teil dreht sich um deren *apostolisches* Wirken. Hier geht

---

23   Maier, Martin: Katakombenpakt, in: Holztrattner, Magdalena M.: Innovation Armut.
Wohin führt Papst Franziskus die Kirche? Wien 2013.

es vorrangig um die Präsenz der Kirche in der Welt von heute (Gaudium et spes). Die Option für eine Kirche auf der Seite der Armen wird formuliert.

- Der dritte Teil hat die *innerkirchliche* Kommunikation zum Thema. Der Blick ist nunmehr auf die Innenarchitektur der Kirche gerichtet, wie sie auf dem Konzil in der Kirchenkonstitution Lumen gentium vertieft dargelegt worden ist.

Nach dem Abschluss des Paktes, der den Titel »*Für eine dienende und arme Kirche*« trägt, schlossen sich weitere Konzilsbischöfe den vierzig Erstunterzeichnern an. Am Ende waren es rund 600. Auch der Wiener Erzbischof Kardinal Franz König zählte zu ihnen.

Kardinal Jorge Bergoglio hatte zwar nicht am Zweiten Vatikanischen Konzil teilgenommen; dazu ist er zu jung. Aber schon als Erzbischof in Buenos Aires und dann als Papst Franziskus lebt er faktisch den Katakombenpakt. Für die Ausübung seines pastoral verstandenen Papstamtes ist das Zweite Vatikanische Konzil Richtschnur.

Die drei Abschnitte des Katakombenpakts sollen daher die Struktur des hier vorgelegten pastoraltheologischen Essays über den Weg der Kirche mit Papst Franziskus bilden.

»Franziskus, wie er leibt und lebt«

Im ersten Abschnitt des Katakombenpakts von 1965 verpflichten sich die Bischöfe zu einem dem Konzil angemessenen Lebensstil. Eine Vielzahl von berührenden Begebenheiten aus den Amts-Flitterwochen von Papst Franziskus, aber auch schon aus seiner Zeit als Erzbischof von Buenos Aires, lassen sich diesen Vorsätzen zuordnen.

> Katakombenpakt 1. Wir werden uns bemühen, so zu leben, wie die Menschen um uns her üblicherweise leben, im Hinblick auf *Wohnung, Essen, Verkehrsmittel* und allem, was sich daraus ergibt (vgl. Mt 5,3; 6,33–34; 8,20).

Wohnen

Franziskus meidet Palais. In Buenos Aires lebte er in einer Mietwohnung. Im Vatikan bezog er nicht die päpstlichen Prunkgemächer, sondern wohnt im Gästehaus Santa Marta. Das macht er freilich nicht nur aus Bescheidenheit und Armut, sondern weil er einfach unter Leuten leben will und es mit sich allein nicht gut hat: »Auf die Frage eines Mädchens, ›Warum hast Du die Reichtümer des Papstes, zum Beispiel das große Apartment, abgelehnt?‹, antwortet Franziskus: ›Ich glaube nicht, dass es nur um Reichtum geht. Bei mir ist das alles eine Frage der Persönlichkeit. Ich muss unter Leuten leben. Würde ich allein leben oder sogar isoliert, würde mir das nicht gut tun. Mich hat auch ein Lehrer gefragt. Und ich habe gesagt: Herr Professor, ich mache das aus psychiatrischen Gründen. Ich kann nicht anders.‹«[24]
Die Sicherheitsdienste stellt dieser Lebensstil allerdings vor ziemliche Herausforderungen.
Schnell haben Karikaturisten erkannt, dass sein einfaches Wohnen manche Bischöfe gehörig unter Druck setzt. Der Bischof von Feldkirch in Vorarlberg, Benno Elbs, hat wie Papst Franziskus sein Bischofshaus nicht bezogen, sondern blieb in jener Mietswohnung, in der er schon als

---

24   Merz, Esther-Marie/Schwabeneder, Mathilde: Franziskus. Vom Einwandererkind zum Papst. Mit einem Vorwort von Bischof Erwin Kräutler, Wien 2013, 23 f.

MACHT DER NEUE ERNST?!

Abbildung 5: Palais und Dienstwagen verkaufen

© Thomas Plaßmann, www.thomasplassmann.de

Generalvikar gehaust hatte. Jetzt bemüht er sich, im Bischofshaus Flüchtlinge unterzubringen.[25]

»So zu leben, wie die Menschen um uns her üblicherweise leben« meinte für den soeben gekürten Papst auch, dass er sich sein Gepäck im Gästehaus Santa Marta selbst abholt und an der Rezeption sich in die Schlange einreiht, um selbst seine Rechnung für die Zeit des Konklaves zu bezahlen.

Verkehrsmittel

In Argentinien hatte Kardinal Bergoglio auf einen Dienstwagen mit Chauffeur verzichtet. Er nahm dafür öffentliche Verkehrsmittel. Nach dem Konklave bestieg er nicht sein päpstliches Dienstauto, sondern fuhr mit den übrigen Kardinälen im Bus. Auf seinen Auslandsreisen verlangt er, in einem bescheidenen Auto fahren zu können.

---

25   Elbs, Benno: Im Stallgeruch der Schafe. Wege pastoraler Arbeit im 3. Jahrtausend, Wien - Graz - Klagenfurt 2014.

Auftreten

Katakombenpakt 2. Wir verzichten ein für alle Mal darauf, als Reiche zu erscheinen wie auch wirklich reich zu sein, insbesondere in unserer *Amtskleidung* (teure Stoffe, auffallende Farben) und in unseren Amtsinsignien, die nicht aus kostbarem Metall – weder Gold noch Silber – gemacht sein dürfen, sondern wahrhaft und wirklich dem Evangelium entsprechen müssen (vgl. Mk 6,9; Mt 10,9; Apg 3,6).

Das Outfit des Papstes war vom ersten Arbeitstag an einfach. Das betrifft den Umgang mit allen auf Augenhöhe, die Wahl des Mobiliars, die Amtskleidung, die Anrede.

Der Zeremoniar hatte dem neugewählten Papst beim Ankleiden seiner Gewänder geholfen. Er wollte ihm die hermelinbesetzte rote Mozetta umhängen. Da soll Papst Franziskus gesagt haben: »Schenk ich dir! Il carnevale e finito!« Si non e vero, e bene trovato, sagt ein italienisches Sprichwort: Ist's nicht wahr, ist es immerhin gut erfunden.

Franziskus zeigte sich auf der Loggia den Versammelten in einem einfachen weißen Talar. Wie im Katakombenpakt vereinbart, verzichtet er auf »teure Stoffe, auffallende Farben«. Er trägt auch als Papst das einfache eherne Bischofskreuz, das er schon in Argentinien benützt hatte. Keine roten Schuhe, kein Camauro, das Benedikt XVI. liebte. Er lebt eine Einfachheit, die »wahrhaft und wirklich dem Evangelium« entspricht. Die feudale Stilisierung des Papstamtes ist zu Ende.

Franziskus »erfindet es neu«. Darüber sind keineswegs alle »amused«: Der italienische Liturgiewissenschaftler Mattia Rossi beklagt gerade heraus eine »demolition of the papacy« (19.4.2013), »because it replaces the notion of a divinely instituted authority with a fuzzy concept of collegiality – thereby transforming the papacy from first above equals to first among equals«.[26]

Diese Einfachheit zeigt sich auch im Umgang. Seine ersten Worte waren nicht fromm, sondern wollten die Herzen der Menschen errei-

---

26 »Zerstörung des Papsttums, denn es ersetzt den Begriff einer heilig eingerichtete Autorität mit dem windigen Konzept der Kollegialität – dadurch wird das Papsttum von einem Ersten über Gleichen zu einem Ersten unter Gleichen umgewandelt.« Pope Francis at 100 Days: The World's Parish Priest, ebook, 2013.

chen. »Bona sera!« waren die ersten Worte des neugewählten Papstes auf der Loggia (Guten Abend!).

Bei seiner Amtsausübung liebt Franziskus keinen Pomp. Den »päpstlichen Thron« meidet er, und das nicht nur wegen seiner Rückenprobleme.

Abbildung 6: Einfacher Stuhl
© Gerhard Mester.

Vatikanbank

Katakombenpakt 3. Wir werden weder *Immobilien oder Mobiliar besitzen* noch mit eigenem Namen über Bankkonten verfügen; und alles, was an Besitz notwendig sein sollte, auf den Namen der Diözese bzw. der sozialen oder caritativen Werke überschreiben (vgl. Mt 6,19–21; Lk 12,33–34).

Katakombenpakt 4. Wir werden, wann immer dies möglich ist, die *Finanz- und Vermögensverwaltung* unserer Diözesen in die Hände einer *Kommission von Laien* legen, die sich ihrer apostolischen Sendung bewusst und fachkundig sind, damit wir Apostel und Hirten statt Verwalter sein können (vgl. Mt 10,8; Apg 6,1–7).

Papst Franziskus folgt auch hinsichtlich der Finanzen dem Katakombenpakt. Die Kirchenbank der Erzdiözese Buenos Aires löste er auf. Petrus habe auch kein Bankkonto gehabt, so sein heiteres Argument.[27] Die angeschlagene Vatikanbank, die er nicht auflösen konnte, weil zu viele kirchliche Einrichtungen auf sie angewiesen sind, reformierte er gründlich und übergab die Verantwortung in die Hände von Laien, was leider auch keine Garantie für eine der Kirchenbank angemessene Führung ist.[28]

Klerikalismus und Karrierismus

Katakombenpakt 5. Wir lehnen es ab, mündlich oder schriftlich mit *Titeln oder Bezeichnungen* angesprochen zu werden, in denen gesellschaftliche Bedeutung oder Macht zum Ausdruck gebracht werden (Eminenz, Exzellenz, Monsignore…). Stattdessen wollen wir als »Padre« angesprochen werden, eine Bezeichnung, die dem Evangelium entspricht.

Im Oktober 2013 führte Papst Franziskus ein längeres Gespräch mit dem Chefredakteur der Mailänder Zeitung »La Reppublica« Eugenio Scalfari. Dieses Gespräch hat dann Scalfari aus dem Gedächtnis als dreiteiliges Interview veröffentlicht. Schon eingangs fragt Franziskus

27 Mumelter, Gerhard: Der heilige Petrus hatte kein Bankkonto, in: DER STANDARD, 21.6.2013.
28 Ausführlich dazu: Merz, Esther-Marie/Schwabeneder, Mathilde: Franziskus. Vom Einwandererkind zum Papst. Mit einem Vorwort von Bischof Erwin Kräutler, Wien 2013.

den bekennenden Atheisten, was ihn an der katholischen Kirche störe. Scalfari darauf: »Der Klerikalismus«. Worauf Papst Franziskus lapidar erwiderte: »Mich auch!«

»Dieses Freisein von persönlichem Ehrgeiz und Streben ist für mich wichtig, es ist wichtig. Der Karrierismus ist ein Übel. Bitte: keinen Karrierismus.«[29]

> »Wenn es im Volk Gottes keine Prophezeiungen gibt, dann wird diese Leere durch Klerikalismus gefüllt: Gerade dieser Klerikalismus der Pharisäer fragte Jesus, welche Vollmacht er habe, um seine Taten zu tun. Die Erinnerung an Gottes Versprechen und die Hoffnung, vorwärts zu gehen, werden einzig auf die Gegenwart verkürzt: Es geht dem Pharisäer nur um das Gesetz der Gegenwart.«[30]

Klerikalismus ist für den Papst eine Folge eines Verlusts an spiritueller und prophetischer Tiefe. Vor ihm sind aber nicht nur Priester, sondern auch Laien nicht sicher. Manche Laien würden »auf Knien darum bitten, klerikalisiert zu werden, weil es bequemer ist«. Diese Bequemlichkeit hält der Papst für eine Sünde, »bei der eine Hand die andere wäscht! Wir müssen diese Versuchung überwinden«.[31]

Abbildung 8: Papst steigt Kardinal auf die Schleppe

Francis, the comic strip Pat Marrin | Oct. 10, 2013. National Catholic Reporter, © ncronline.org

29   Merz, Esther-Marie/Schwabeneder, Mathilde: Franziskus. Vom Einwandererkind zum Papst. Mit einem Vorwort von Bischof Erwin Kräutler, Wien 2013, 220.
30   Papst Franziskus: Kirche braucht Prophetie statt Klerikalismus. Predigt in der Morgenhomilie vom 16.12.2013: http://www.erzdioezese-wien.at/site/home/nachrichten/article/33057.html (7.12.2014)
31   Predigt am 22.3.2014.

»Wenn ich einen Klerikalen vor mir habe, werde ich mit einem Schlag anti-klerikal. Klerikalismus sollte nichts mit dem Christentum zu tun haben«.[32] »Ich will, dass die Kirche den Menschen näher kommt. Ich will den Klerika-lismus abschaffen, das Irdische, dieses sich Abschotten in uns selbst, unse-ren Pfarreien, Schulen und Strukturen«.[33]

Bischof von Rom

Er hat deshalb auch aufgehört, päpstliche Ehrentitel zu vergeben, auch wenn diese Entscheidung den Vatikan um beträchtliche Einnahmen brachte. Viele Titel würden, so der Katakombenpakt, nur »gesellschaft-liche Bedeutung oder Macht zum Ausdruck« bringen.

Doch geht es bei den Titeln nicht nur um Überheblichkeit und Eitel-keit. Titel sind Ausdruck von Hierarchien, innerhalb der katholischen Kirche und zwischen den christlichen Kirchen. Weil Franziskus an der Ökumene gelegen ist, meidet er den Titel Papst. Er bevorzugt vielmehr »Bischof von Rom«. Das ist eine ausgestreckte Hand in Richtung Ortho-doxie, aber auch zu den Kirchen der Reformation. Einen Vorsitz im Lie-besbund der Kirchen können Orthodoxe Kirchen akzeptieren. Auch die Protestanten haben Achtung vor einem Petrusdienst. Schon Johannes Paul II. hatte seine Bereitschaft bekundet und die Theologen gebeten, daran mitzuwirken, das Papstamt so umzugestalten, dass es einer Über-windung der Spaltung nicht mehr im Wege steht. Franziskus ist ganz auf dieser Spur:

»Da ich berufen bin, selbst zu leben, was ich von den anderen verlange, muss ich auch an eine Neuausrichtung des Papsttums denken. Meine Aufgabe als Bischof von Rom ist es, offen zu bleiben für die Vorschläge, die darauf aus-gerichtet sind, dass eine Ausübung meines Amtes der Bedeutung, die Jesus Christus ihm geben wollte, treuer ist und mehr den gegenwärtigen Notwen-digkeiten der Evangelisierung entspricht. Johannes Paul II. bat um Hilfe,

32 »Auf einmal erfüllte mich ein großes Licht«. Interview mit Eugenio Scalfari und Papst Franziskus, La Repubblica, 1.–3. 10. 2013, I. Teil.
33 Papst Franziskus in Rio beim Weltjugendtag im Juli 2013: http://www.n24.de/ n24/Nachrichten/Panorama/d/3247752/-ich-will-den-klerikalismus-abschaffen-.html (7. 12. 2014)

um ›eine Form der Primatsausübung zu finden, die zwar keineswegs auf das Wesentliche ihrer Sendung verzichtet, sich aber einer neuen Situation öffnet‹.[34] In diesem Sinn sind wir wenig vorangekommen. Auch das Papsttum und die zentralen Strukturen der Universalkirche haben es nötig, dem Aufruf zu einer pastoralen Neuausrichtung zu folgen.«[35]

Hirten, die nach der Herde riechen

Was er selbst lebt, erwartet Papst Franziskus von allen, die ein Amt in der Kirche übertragen bekommen haben. Priester würden unzufrieden werden, sammeln dann Antiquitäten oder Neuigkeiten, anstatt Hirten zu sein, die »nach der Herde riechen«.

»This is what I am asking you«, he said with emphasis, looking up from his prepared text, »be shepherds with the smell of sheep,« so that people can sense the priest is not just concerned with his own congregation, but is also a fisher of men.[36]

Dieses Kriterium vom pastoralen »Stallgeruch« soll auch bei der Auswahl von Kandidaten für das Bischofsamt eine entscheidende Rolle spielen. In dieser Hinsicht hat Papst Franziskus es freilich nicht leicht. In der Bischofskongregation arbeiten nach wie vor jene Personen, die sein Vorgänger eingesetzt hatte, konkret der kanadische Kardinal Marc Quellet. Auch manche Seilschaften scheinen noch zu funktionieren. Die Nuntiaturen hat Papst Franziskus angewiesen, to find »pastors who are close to their people … who are meek, patient and merciful« and to avoid »those who are ambitious, who seek the episcopacy«.[37]

Nicht immer kommen jene Kandidaten zum Zug, die von der Nuntiatur nach gründlichen Recherchen empfohlen werden. Der italienische

---

34 Johannes Paul II.: Enzyklika Ut unum sint (25. Mai 1995), 95: AAS 87 (1995), 977–978.
35 EG 32.
36 So Franziskus in der Chrisammesse am 28.3.2013: http://www.newsmax.com/Newsfront/pope-francis-chrism-mass/2013/03/28/id/496806/ (7.12.2014) – »Das ist es, worum ich euch bitte«, sagte er eindringlich, vom vorbereiteten Text aufschauend, »seid Hirten, die nach der Herde riechen, sodass die Leute spüren, dass der Priester nicht nur mit seiner Gemeinschaft beschäftigt, sondern auch Menschenfischer ist.«
37 NCR, 30.12.2014.

Journalist und Vatikankenner Marco Politi verwies darauf, dass Papst Franziskus seinen Reformkurs erst dann nachhaltig in die kirchlichen Strukturen einpflanzen könne, wenn es ihm gelingt, eine größere Zahl von Bischöfen zu ernennen, die in den Ortskirchen den Weg mit ihm gehen wollen.[38]

Der Fußballfan

Ein charmantes Detail trägt zur Beliebtheit des Papstes in weniger kirchlichen Kreisen bei: Er ist ein erklärter Fußballfan. Nach wie vor ist er Mitglied des Argentinischen Klubs »Atletico San Lorenzo de Almagro«, der stolz ist, den Papst »als Mitglied unserer Leidenschaft, als Fan und Kompagnon unserer Einrichtung zu wissen und besondere Momente unserer Geschichte gemeinsam erlebt zu haben«.[39]

Während der Fußballweltmeisterschaft 2014 hat die neue Konstellation im Vatikan den Karikaturisten viele Motive geliefert. Zwei Päpste – einer aus Deutschland, der andere aus Argentinien. Im Spiel auch die Schweizer, die durch die Garde im Vatikan gut vertreten sind. Deutsche Fans ließen Karikaturisten auf »ihren Papst« Benedikt hoffen, dessen Fußballbegeisterung künstlich geweckt wurde.

Popularität

Diese vielen überraschenden Gesten des Papstes zeigen nicht nur seine evangeliumskonforme Bescheidenheit. Sie machen verständlich, dass er sich in kurzer Zeit eine unglaubliche Beliebtheit erworben hat. Nicht einmal die durchtrainiert kirchenkritischen Medien konnten seinem Charme widerstehen. Rasch eroberte er die Titelseiten von *Rolling Stone*, *The New Yorker*, *TIME magazine* and *The Advocate*.

Laut einer privaten Umfrage in Österreich[40] sind die Beliebtheits-

38 Politi, Marco: Franziskus. Papst unter Wölfen (in Vorbereitung). – Ders, Benedikt. Krise eines Pontifikats, ebook 2012.
39 Galgano, Mario: Franziskus. Der Papst vom anderen Ende der Welt. Ein Portrait, Augsburg 2013, 46 f.
40 OEKONSULT (Joshi Schilhab), Österreich, März–Juni 2013.

werte für Papst Franziskus sehr hoch. Lediglich zwei von zehn Befragten halten die gute Papststimmung für einen vergänglichen und folgenlosen Hype:

- 84%: »Medienberichte über Papst Franziskus verfolge ich mit großer Aufmerksamkeit.«
- 74%: »Was ich bisher an Medienberichten und Auftritten das neuen Papstes Franziskus mitbekommen habe, finde ich sehr positiv und beeindruckend (vs. ziemlich nichtssagend und enttäuschend).«
- 22%: »Den Hype um Franziskus finde ich total überzogen. Nach meiner persönlichen Ansicht brachte der neue Papst Franziskus keinen wirklich neuen Wind im Vatikan und der katholischen Kirche. Alles beim Alten eigentlich.«

Eine Umfrage des CNN weist 87% US-Amerikaner aus, die mit der Performance des Papstes zufrieden sind. Lediglich 4% halten den Papst für zu konservativ, 7% für zu liberal.

Die Werte für Pope Francis sind so hoch, dass Präsident Obama sich nur wünschen könne, dass etwas von des Papstes Popularität auf ihn abfärbt.

Abbildung 9: Weltjugendtag

Selbst bei vielen eher kirchenkritischen Jugendlichen kommt Papst Franziskus gut an. Er gilt einem Karikaturisten als »neue lokale Größe in Rio«. Seine gezeichnete Einschätzung: Die Jugendlichen finden den Papst »Total locker!! Echt cool!« – »Mann, der hat was drauf!« – Absolut relax!!!«

Der Weltpfarrer

Diese ungebremste Beliebtheit macht Papst Franziskus zu einer Art »Weltpfarrer«. John Allen, Vatikankenner erster Güte vom National Catholic Reporter (NCR) hat ihm am Ende der ersten 100 Amtstage diesen Titel verliehen. Diese Würdigung hat einen tiefen Grund. Papst Franziskus ist im besten Altsinn dieses Wortes »katholisch« – allumfassend. Wenn es nur einen Gott gibt, so offenbar seine theologisch-spirituelle Regel, dann ist jede und jeder einer, eine von uns. Alle verdienen daher

Abbildung 10: Papst umarmt Welt

Respekt. Und wo immer jemand in der einen Menschheit leidet, ist das für ihn als Papst ein Anliegen. Das trifft zu unabhängig von Rassse, Geschlecht, sexueller Ausrichtung.

Die Beliebtheit des Papstes weckt bei nicht wenigen Menschen neues Interesse an der katholischen Kirche und darüber hinaus für Religion und religiöse Themen, so eine Umfrage in Österreich. Zwei Drittel meinen, dass der Kirchenaustrittstrend sich abschwäche, vielleicht sogar umkehre. Dafür gibt es derzeit freilich noch keine handfesten Belege. Was sich aber jedenfalls geändert hat, ist die Grundstimmung gegenüber der katholischen Kirche. Andere christlichen Kirchen profitieren mit. Das sind konkrete Umfrageergebnisse für den Image-Wandel:

- 66 %: »Seit Franziskus als neuer Papst als Kirchenoberhaupt im Vatikan agiert, interessiere ich mich viel mehr (vs. viel weniger) für Religion, die Kirche und religiöse Themen.«
- 65 %: »Franziskus kann und wird meiner Meinung nach den Trend der vergangenen Jahre, nämlich zunehmende Abkehr von der Kirche und Kirchenaustritte in vielen Ländern stoppen, vielleicht sogar umkehren.«[41]

Der Name ein Programm

Ein Karikaturist kommt zum Schluss, dass der Name des Papstes ein Programm ist. Viele der bisher skizzierten Facetten dieses bunten volksnahen Weltpfarrers fügt er in seine Zusammenstellung ein. Der Vatikan soll versteigert werden. Vielleicht auch seine Kunstschätze? Der Papst hat eine neue Amtskleidung. Der Fuhrpark ist überflüssig, denn der Papst fährt Bus oder U-Bahn. Vielleicht besucht der Papst bald Supermärkte.

41 OEKONSULT: Österreich, März–Juni 2013.

Ein politischer Papst

Es war der mit ihm befreundete Kardinal Cláudio Hummes, der ihm gleich nach der Wahl empfahl: »Vergiss die Armen nicht!« Es soll ein letzter Anstoß für den Neugewählten gewesen sein, sich Franziskus zu nennen. Wer dieser für ihn ist, erläutert er so:

> »Franz von Assisi: Er ist für mich der Mann der Armut, der Mann des Friedens, der Mann, der die Schöpfung liebt und bewahrt. Ach, wie möchte ich eine arme Kirche für die Armen.«[42]

Es besteht eine tiefe spirituelle Beziehung zwischen Papst Franziskus und seinem Namensgeber aus Umbrien. »Politische Themen« tönen in diesem Zitat an. Sie spielen im Wirken des Papstes eine gewichtige Rolle. Es sind Armut, Frieden und Ökologie. Wenn der Papst diese Themen aufgreift, dann »politisiert« er nicht im »parteipolitischen Sinn«. Vielmehr gelangt er zu seinen politischen Aussagen auf Grund seiner theologischen Überzeugungen:

> »Für die Kirche ist die Option für die Armen in erster Linie eine theologische Kategorie und erst an zweiter Stelle eine kulturelle, soziologische, politische oder philosophische Frage.«[43]

Armut – Frieden – Ökologie: Wir begleiten im Folgenden den Papst bei seinem diesbezüglichen Wirken.

Eine arme Kirche für die Armen

Das Herzstück des Katakombenpakts ist die Option der Unterzeichner für und mit den Armen. Darauf beziehen sich bereits die letzten zwei Verpflichtungen aus dem persönlichen Teil des Dokuments. Reiche

42   EG 198.
43   AaO.

sollen nicht bevorzugt werden. Ihrer Eitelkeit soll auch dann nicht ge-
schmeichelt werden, wenn man sie zu Spenden bewegen möchte.

Katakombenpakt 6. Wir werden in unserem Verhalten und in unseren gesellschaftlichen Beziehungen jeden Eindruck vermeiden, der den *Anschein
erwecken könnte, wir würden Reiche und Mächtige privilegiert, vorrangig
oder bevorzugt behandeln* (z. B. bei Gottesdiensten und bei gesellschaftlichen Zusammenkünften, als Gäste oder Gastgeber) (Lk 13,12–14; 1 Kor
9,14–19).

Katakombenpakt 7. Ebenso werden wir es vermeiden, irgendjemandes *Eitel-
keit zu schmeicheln* oder ihr gar Vorschub zu leisten, wenn es darum geht,
für Spenden zu danken, um Spenden zu bitten oder aus irgendeinem anderen Grund. Wir werden unsere Gläubigen darum bitten, ihre Spendengaben
als üblichen Bestandteil in Gottesdienst, Apostolat und sozialer Tätigkeit
anzusehen (vgl. Mt 6,2–4; Lk 15,9–13; 2 Kor 12,4).

Die Punkte aus dem zweiten Teil sind eine Kurzfassung der von den Bischöfen in Lateinamerika mit ihren theologischen Kräften erarbeiteten
»Option für die Armen«. Dabei geht es nicht um die Theologien, sondern um die konkrete pastorale Praxis. Unterstützung sollen von den
Bischöfen all jene bekommen, die sich in ihrem Wirken für die »Armgehaltenen« einsetzen. Es reiche bei solchem Einsatz nicht aus, nur »wohl-
tätig« zu sein und den Armen zu helfen, ihre akute Not zu lindern.[44]
Entscheidend sei, dass die Ursachen für die Not gesehen und politisch
bearbeitet werden. Darum gehe es darum:»Gesetze, Strukturen und gesellschaftlichen Institutionen schaffen und wirksam werden lassen, die
für Gerechtigkeit, Gleichheit und gesamtmenschliche harmonische
Entwicklung jedes Menschen und aller Menschen notwendig sind«. Die
armmachenden sündigen Strukturen sind durch politischen Einsatz
auch der Bischöfe zu überwinden.[45]

---

44 Vallely: Papst Franziskus, 146.
45 »Zum Beispiel die Verurteilung des Wirtschaftsliberalismus. Alle denken, die Kirche
    sei gegen den Kommunismus; doch sie ist ebenso gegen dieses System wie gegen den
    ungezähmten Wirtschaftsliberalismus von heute. Wir müssen die Gleichheit von
    Chancen und Rechten suchen, für soziale Vorrechte, Urlaub, Ruhetage, Freiheit zum
    Zusammenschluss eintreten. All diese Fragen machen die soziale Gerechtigkeit aus. Es
    darf keine Besitzlosen geben, und es gibt keine schlimmere Besitzlosigkeit – und das
    möchte ich betonen –, als sich seinen Lebensunterhalt nicht verdienen zu können,

Die Formulierung »für die Armen« klingt in unseren Augen ein wenig gönnerisch-herablassend. Im Spanischen ist das »por« aber offen für ein »mit den Armen«, zusammen mit ihnen.

Katakombenpakt 8. *Für den apostolisch-pastoralen Dienst an den wirtschaftlich Bedrängten, Benachteiligten* oder Unterentwickelten werden wir alles zur Verfügung stellen, was notwendig ist an Zeit, Gedanken und Überlegungen, Mitempfinden oder materiellen Mitteln, ohne dadurch anderen Menschen und Gruppen in der Diözese zu schaden. Alle Laien, Ordensleute, Diakone und Priester, die der Herr dazu ruft, ihr Leben und ihre *Arbeit mit den Armgehaltenen und Arbeitern zu teilen und so das Evangelium zu verkünden, werden wir unterstützen* (vgl. Lk 4,18 f.; Mk 6,4; Mt 11,45; Apg 18,3–4; 20,33–35; 1 Kor 4,12; 9,1–27).

Katakombenpakt 9. Im Bewusstsein der Verpflichtung zu Gerechtigkeit und Liebe sowie ihres Zusammenhangs werden wir daran gehen, die *Werke der »Wohltätigkeit« in soziale Werke umzuwandeln*, die sich auf Gerechtigkeit und Liebe gründen und alle Frauen und Männer gleichermaßen im Blick haben. Damit wollen wir den zuständigen staatlichen Stellen einen bescheidenen Dienst erweisen (vgl. Mt 25,31–46; Lk 13,12–14 und 33 f.).

Katakombenpakt 10. Wir werden alles dafür tun, dass die Verantwortlichen unserer Regierung und unserer öffentlichen Dienste solche *Gesetze, Strukturen und gesellschaftlichen Institutionen* schaffen und wirksam werden lassen, die für Gerechtigkeit, Gleichheit und gesamtmenschliche harmonische Entwicklung jedes Menschen und aller Menschen notwendig sind. Dadurch soll eine neue Gesellschaftsordnung entstehen, die der Würde der Menschen- und Gotteskinder entspricht (vgl. Apg 2,44 f.; 4,32–35; 5,4; 2 Kor 8 und 9; 1 Tim 5,16).

Katakombenpakt 11. Weil die Kollegialität der Bischöfe dann dem Evangelium am besten entspricht, wenn sie sich *gemeinschaftlich im Dienst an der Mehrheit der Menschen – zwei Drittel der Menschheit – verwirklicht, die körperlich, kulturell und moralisch im Elend leben*, verpflichten wir uns:

* Gemeinsam mit den Episkopaten der armen Nationen dringliche Projekte zu verwirklichen, entsprechend unseren Möglichkeiten.
* Auch auf der Ebene der *internationalen Organisationen* das Evangelium

---

nicht die Würde der Arbeit zu haben.« Bergoglio im Gespräch mit Skorka – zitiert nach Vallely: Papst Franziskus, 148.

zu bezeugen, wie es Papst Paul VI. vor den Vereinten Nationen tat, und gemeinsam dafür einzutreten, dass wirtschaftliche und kulturelle Strukturen geschaffen werden, die der verarmten Mehrheit der Menschen einen Ausweg aus dem Elend ermöglichen, statt in einer immer reicher werdenden Welt ganze Nationen verarmen zu lassen.

Diese Wirtschaft tötet

Der Papst ist bestimmt kein Unglücksprophet, wie sie Johannes XXIII. bei der Eröffnung des Zweiten Vatikanischen Konzils gegeißelt hat. Er würdigt, dass viele in der Welt sich um Fortschritte in allen Bereichen mühen.

»Die Menschheit erlebt im Moment eine historische Wende, die wir an den Fortschritten ablesen können, die auf verschiedenen Gebieten gemacht werden. Lobenswert sind die Erfolge, die zum Wohl der Menschen beitragen, zum Beispiel auf dem Gebiet der Gesundheit, der Erziehung und der Kommunikation.« (EG 52)

Zugleich liegt ihm daran, den Armen und Verzweifelten in der einen Menschheit eine Stimme zu geben. Bei seinem Einsatz gegen die Armut der Welt ist der Papst kantig. Er spricht prophetisch hart und kompromisslos. An abmildernden Differenzierungen ist ihm nicht gelegen. Es ist für ihn inakzeptabel, dass, wie der Katakombenpakt formulierte, »zwei Drittel der Menschheit ... körperlich, kulturell und moralisch im Elend leben«. Der National Catholic Reporter resümiert Ende 2014: »His teachings aren't entirely new, but follow the progression of these issues through all recent papacies, reaffirming that in Catholic social teaching people come before profit and property.«[46]

Papst Franziskus kennt die Lage der »Armgehaltenen« aus eigener Anschauung. Er kommt aus einem sozial tief gespaltenen Land, in dem es wenige Reiche und zu viele Arme gibt. Oftmals hat er als Erzbischof von Buenos Aires die Favelas aufgesucht. Einige seiner Priester stellte er dazu ab, mit den Armen zu leben. Bei seiner Reise nach Rio zum Welt-

---

46 NCR, 30.12.2014: »Die Lehren des Papstes sind keineswegs völlig neu, er folgt der Entwicklung der Themen über die letzten Päpste hinweg, indem er gemäß der Katholischen Soziallehre bestärkt, dass der Menschen vor Profit und Eigentum kommt.«

Abbildung 11: Papst in Favela
© Gerhard Mester.

jugendtag war er zu Gast bei einer armen Großfamilie in einem der Armenviertel.

Wie sein Vorgänger Johannes Paul II. deutet er diese Situation der Armen mit dem biblisch gestützten Bildwort von den himmelschreienden Sünden:

> »Die ungleiche Verteilung der Güter schafft eine Situation sozialer Sünde, die zum Himmel schreit und so vielen Brüdern und Schwestern die Möglichkeit eines erfüllteren Lebens vorenthält.«[47]

Hier noch weitere pointierte Zitate aus seiner Regierungserklärung *Evangelii gaudium*, in denen Schattenseiten der Weltwirtschaft gnadenlos gegeißelt werden:

> »Die Gier nach Macht und Besitz kennt keine Grenzen. In diesem System, das dazu neigt, alles aufzusaugen, um den Nutzen zu steigern, ist alles

---

47 Kardinal Jorge Bergoglio bei der CELAM-Konferenz von 2007 in Aparecida.

Schwache wie die Umwelt wehrlos gegenüber den Interessen des vergöttlichten Marktes, die zur absoluten Regel werden.« (EG 56)

»Die große Gefahr der Welt von heute mit ihrem vielfältigen und erdrückenden Konsumangebot ist eine individualistische Traurigkeit, die aus einem bequemen, begehrlichen Herzen hervorgeht, aus der krankhaften Suche nach oberflächlichen Vergnügungen, aus einer abgeschotteten Geisteshaltung.« (EG 2)

»Heute spielt sich alles nach den Kriterien der Konkurrenzfähigkeit und nach dem Gesetz des Stärkeren ab, wo der Mächtigere den Schwächeren zunichtemacht.« (EG 53)

»Wir dürfen nicht mehr auf die blinden Kräfte und die unsichtbare Hand des Marktes vertrauen.« (EG 205)

»Die Finanzkrise, die wir durchmachen, lässt uns vergessen, dass an ihrem Ursprung eine tiefe anthropologische Krise steht: die Leugnung des Vorrangs des Menschen! Wir haben neue Götzen geschaffen. Die Anbetung des antiken goldenen Kalbs (vgl. Ex 32,1–35) hat eine neue und erbarmungslose Form gefunden im Fetischismus des Geldes und in der Diktatur einer Wirtschaft ohne Gesicht und ohne ein wirklich menschliches Ziel. Die weltweite Krise, die das Finanzwesen und die Wirtschaft erfasst, macht ihre Unausgeglichenheiten und vor allem den schweren Mangel an einer anthropologischen Orientierung deutlich – ein Mangel, der den Menschen auf nur eines seiner Bedürfnisse reduziert: auf den Konsum.« (EG 55)

»Der Mensch an sich wird wie ein Konsumgut betrachtet, das man gebrauchen und dann wegwerfen kann.« (EG 53)

»Die eigene Schönheit des Evangeliums kann von uns nicht immer angemessen zum Ausdruck gebracht werden, doch es gibt ein Zeichen, das niemals fehlen darf: die Option für die Letzten, für die, welche die Gesellschaft aussondert und wegwirft.« (EG 195)

»Ebenso wie das Gebot ›du sollst nicht töten‹ eine deutliche Grenze setzt, um den Wert des menschlichen Lebens zu sichern, müssen wir heute ein ›Nein zu einer Wirtschaft der Ausschließung und der Disparität der Einkommen‹ sagen. Diese Wirtschaft tötet. Es ist unglaublich, dass es kein Aufsehen erregt, wenn ein alter Mann, der gezwungen ist, auf der Straße zu leben, erfriert, während eine Baisse um zwei Punkte in der Börse Schlagzeilen macht. Das ist Ausschließung.« (EG 53)

Zustimmung und Ablehnung

Es überrascht angesichts der kantigen Aussagen nicht, dass deren Aufnahme geteilt war. Gibt es im eher »linken Lager« freudige Zustimmung, kommt vom »rechten Lager« eher höfliches Schweigen, manchmal aber auch harsche Kritik.

Hier ein Beispiel für die Kritik: Zunächst wird dem Papst in einem Beitrag »Kenntnis der Armut« sowie »bescheidener Lebenswandel« bescheinigt: »Der neue Papst kennt die bittere Armut, das Elend, die unzureichende Gesundheitsversorgung, das Drogenproblem und die Hoffnungslosigkeit in den Favelas, den Elendsgürteln um die Städte Argentiniens und Lateinamerikas bestens. Oft genug hat er sie besucht, auch die Krankenhäuser, und führte selbst offenbar ein bescheidenes Leben, benutzte öffentliche Transportmittel, nicht einen Dienstwagen. Und er wurde nicht müde, öffentlich die Armut anzuprangern, daneben auch die weitverbreitete Korruption. ›Die ungleiche Verteilung der Güter schafft eine Situation sozialer Sünde, die zum Himmel schreit und so vielen Brüdern und Schwestern die Möglichkeit eines erfüllteren Lebens vorenthält‹, sagte er 2007 … So weit so gut, das macht ihn schon einmal sympathisch.« Dann aber wird kritisiert, dass er für seine messerscharfe Diagnose »keine Lösungsvorschläge« parat habe. »Was aber schlägt er für die Lösung des Problems vor? – Barmherzigkeit, Spendenbereitschaft und christliche Nächstenliebe. Derartige Vorschläge haben jedoch zu keiner Zeit soziale Gegensätze entschärft, geschweige denn gelöst. Mit Aufrufen an die Barmherzigkeit wird bestenfalls ein wenig Balsam auf die Geschwüre der Gesellschaft gekippt, sie aber nicht geheilt.«[48]

Den Vorwurf, keine Lösungsvorschläge zu haben, scheint der Papst erwartet zu haben. Schrieb er doch:

»Bei vielen Gelegenheiten hat sie [die Kirche] als Mittlerin gedient, um die Lösung von Problemen zu fördern, die den Frieden, die Eintracht, die Umwelt, den Schutz des Lebens, die Menschenrechte und die Zivilrechte usw. betreffen. Und wie groß ist der Beitrag der katholischen Schulen und Universitäten in der ganzen Welt!« (EG 65)

48 http://oraclesyndicate.twoday.net/stories/papstwahl-neuer-papst-wenig-neues/?utm_
source=feedburner&utm_medium=feed&utm_campaign=Feed%3A+twoday%2FCW
YW+%28journalismus+-+nachrichten+von+heute+%28Kurzversion%29%29

»Dies ist kein Dokument über soziale Fragen, und um über jene verschiedenen Themenkreise nachzudenken, verfügen wir mit dem Kompendium der Soziallehre der Kirche über ein sehr geeignetes Instrument, dessen Gebrauch und Studium ich nachdrücklich empfehle. Außerdem besitzen weder der Papst noch die Kirche das Monopol für die Interpretation der sozialen Wirklichkeit oder für einen Vorschlag zur Lösung der gegenwärtigen Probleme. Ich kann hier wiederholen, was Paul VI. in aller Klarheit betonte: ›Angesichts so verschiedener Situationen ist es für uns schwierig, uns mit einem einzigen Wort zu äußern bzw. eine Lösung von universaler Geltung vorzuschlagen. Das ist nicht unsere Absicht und auch nicht unsere Aufgabe. Es obliegt den christlichen Gemeinden, die Situation eines jeden Landes objektiv zu analysieren.‹ (Apostolisches Schreiben Octogesima adveniens zum 80. Jahrestag der Enzyklika Rerum novarum [14. Mai 1971], 4: AAS 63 [1971], 403.).« EG 184

Dem Papst liegt also nicht daran, ein neues Sozialdokument der Kirche zu verfassen. Vielmehr versucht er, den Mächtigen und Reichen in Politik und Wirtschaft ins Gewissen zu reden. Es ist durchaus naheliegend, dass jene, welche die prophetische Kritik des Papstes ungerecht und inakzeptabel finden, versuchen, ihn stimmungsmäßig dem »linken Lager« zuzuordnen. Der Papst, der demonstrativ weiße Socken trägt, bekommt medial wieder »rote Socken«. Er sei eben, wie viele der lateinamerikanischen Befreiungstheologen, letztlich ein »Kryptomarxist«. Dieser wirtschaftspolitisch verständliche Versuch übersieht freilich, dass es neben einer in der Tat marxistisch fundierten Befreiungstheologie auch jene andere »Argentinische Befreiungstheologie« gibt, die sich nicht auf Marx, sondern auf das »Volk« und dessen gewachsene Frömmigkeit[49] stützt und dessen Rechte verteidigt.[50]

49   »Wenn man den Volksglauben vernachlässigt, vernachlässigt man gewissermaßen auch die Option für die Armen.« So der Diözesanpriester Augusto Zampini, Professor am Colegio Máximo (Buenos Aires), zitiert nach Vallely: Papst Franziskus, 151.
50   Humberto Miguel Yáñez SJ, Professor an der Jesuitenuniversität Gregoriana in Rom, vermerkt: »Die Befreiungstheologie wird in Argentinien anders aufgefasst als in anderen lateinamerikanischen Ländern. Diejenigen, die bestimmte Aspekte des marxistischen Denkens übernommen hatten, sahen in der Kultur oder der Religion eher Werkzeuge der Entfremdung als solche der Befreiung, und sie konnten Elemente der Volkskultur und der Volksreligion nur schwer akzeptieren. In dem philosophisch wie theologisch stärker argentinisch geprägten Block wurde die Kultur hoch geschätzt, insbesondere die Kultur der Volksreligiosität.« Zitiert nach Vallely: Papst Franziskus,

Karikaturen spiegeln diesen Zuordnungsversuch des Papstes zum »linken Lager« wider. So küsst beispielsweise die rote Sarah Wagenknecht den »errötenden« Papst auf die Wange.

Abbildung 12: Sarah Wagenknacht küsst Papst
© Christiane Pfohlmann / toonpool.com.

Der Papst weiß um diesen Gegenwind aus den Kreisen der Reichen und der wirtschaftlich Mächtigen. Er spürt, wie er manchen mit seinen mahnenden Worten lästig ist, welche vor allem dazu dienen, dass die Not so vieler Menschen in der einen Welt nicht übersehen wird:

»Wie viele Worte sind diesem System unbequem geworden! Es ist lästig, wenn man von Ethik spricht, es ist lästig, dass man von weltweiter Solidarität spricht, es ist lästig, wenn man von einer Verteilung der Güter spricht, es ist lästig, wenn man davon spricht, die Arbeitsplätze zu verteidigen, es ist

149. – Dazu auch: Kasper, Walter: Die ekklesiologische und ökumenische Vision von Papst Franziskus. Vortrag an der katholisch-theologischen Fakultät der Universität Wien am 15. 10. 2014. – Offenbar hatte auch die Frömmigkeit seiner Großmutter enormen Einfluss auf ihn in dieser Hinsicht. Siehe Vallely, Paul: Papst Franziskus, 45 ff.

lästig, wenn man von der Würde der Schwachen spricht, es ist lästig, wenn man von einem Gott spricht, der einen Einsatz für die Gerechtigkeit fordert. Andere Male geschieht es, dass diese Worte Gegenstand einer opportunistischen Manipulation werden, die sie entehrt. Die bequeme Gleichgültigkeit gegenüber diesen Fragen entleert unser Leben und unsere Worte jeglicher Bedeutung. Die Tätigkeit eines Unternehmers ist eine edle Arbeit, vorausgesetzt, dass er sich von einer umfassenderen Bedeutung des Lebens hinterfragen lässt; das ermöglicht ihm, mit seinem Bemühen, die Güter dieser Welt zu mehren und für alle zugänglicher zu machen, wirklich dem Gemeinwohl zu dienen.« (EG 203)

Abbildung 13: Auch Jesus ein Kommunist?
© Paolo Calleri, www.paolo-calleri.de

Der Papst bleibt freilich nicht allein auf dieser abstrakten Ebene stehen. Er beklagt, dass viele Menschen und Regionen der Erde wie Müll sind, überflüssig und entsorgt werden. Er bedient sich damit eines der wichtigsten heuristischen Begriffe zu sozialen Fragen der Gegenwart. Der Begriff »überflüssig« wird zunehmend zur Analyse von weltweiten sozialen Problemen verwendet. Hans Magnus Enzensberger schreibt in seinen Dreiunddreißig Markierungen zur Großen Wanderung:

»Überflüssig, überflüssig! Ein ausgezeichnetes Wort habe ich da gefunden. Je tiefer ich in mich eindringe, je aufmerksamer ich meine ganze Vergangenheit betrachte, desto mehr überzeuge ich mich von der strengen Wahrheit dieses Ausdrucks. Ein überflüssiger Mensch – so ist es. Für andere Menschen als mich könnte dieses Wort nicht gebraucht werden. Es gibt allerlei Menschen, schlechte und gute, kluge und dumme, angenehme und unangenehme – aber überflüssige gibt es nicht.

Es wäre Iwan Turgenjew nicht in den Sinn gekommen, seine Amme, den Kutscher, die Bauern auf dem Gut, geschweige denn ganze Dörfer, Landstriche, Völker, Kontinente für überflüssig zu halten. Die Lage seines Helden Culkaturin mutet, hundertfünfzig Jahre nach seinem Ableben, geradezu idyllisch an. Er spricht von seinem Vater, einem Gutsbesitzer, von seinen Landhäusern, seiner Langeweile, seiner Einsamkeit, seinem Überfluß. ›Für andere Menschen als für mich‹, denkt er, ›könnte dieses Wort nicht gebraucht werden.‹

Das hat sich als ein verheerender Irrtum erwiesen. Gewiß hat es große Massaker und endemische Armut zu allen Zeiten gegeben. Feinde waren Feinde, und die Armen waren arm; doch erst seitdem die Geschichte zur Weltgeschichte geworden ist, sehen sich ganze Völker zur Überflüssigkeit verurteilt, und zwar durch Urheber, die eigentümlich subjektlos bleiben. Die Instanzen, die dieses Urteil verhängen, heißen ›Kolonialismus‹, ›Industrialisierung‹, ›technischer Fortschritt‹, ›Revolution‹, ›Kollektivierung‹, ›Endlösung‹, ›Versailles‹ oder ›Jalta‹, und ihre Dekrete werden offen ausgesprochen und systematisch in die Tat umgesetzt, so daß keiner im Zweifel darüber sein kann, welches Los ihm zugedacht ist: Landflucht oder Emigration, Vertreibung oder Genozid.

Das staatlich organisierte Verbrechen ist nach wie vor an der Tagesordnung, aber als übergreifende anonyme Instanz tritt immer deutlicher ›der Weltmarkt‹ auf, der immer größere Teile der Menschheit für überflüssig erklärt, nicht durch politische Hetze, Führerbefehl oder Parteibeschluß, sondern gleichsam von selbst, durch seine eigene Logik, die dazu führt, daß immer mehr Menschen aus ihm ›herausfallen‹. Das Resultat ist nicht weniger mörderisch, nur daß sich weniger denn je zuvor ein Schuldiger dingfest machen läßt. In der Sprache der Ökonomie heißt das: einem enorm steigenden Angebot von Menschen steht eine deutlich sinkende Nachfrage gegenüber. Selbst in reichen Gesellschaften kann jeder schon morgen überflüssig sein. Wohin mit ihm?«[51]

Auch der Papst kennt Gruppen, die in Gefahr sind, überflüssig und entsorgt zu werden. Zu den Menschen, die vom Überflüssigwerden bedroht sind, gehören für ihn vorrangig die arbeitslosen Jungen und die vereinsamten Alten:

> »Die größten Übel, die die Welt in diesen Jahren plagen, sind die Jugendarbeitslosigkeit und die Einsamkeit, der man die Alten überlässt. Die alten Menschen brauchen Fürsorge und Gesellschaft; die Jugend braucht Arbeit und Hoffnung; doch sie haben weder das eine noch das andere und suchen deshalb noch nicht einmal mehr danach. Sie werden von der Gegenwart erdrückt.
>
> Sagen Sie mir: Kann man so leben, von der Gegenwart erdrückt? Ohne Erinnerung an das Vergangene und ohne den Wunsch, sich für die Zukunft etwas aufzubauen, eine Familie etwa? Kann man so weitermachen? Das ist aus meiner Sicht das dringendste Problem, mit der die Kirche konfrontiert ist.«[52]

Fußwaschung

Seine Option für diejenigen, die »am Boden sind«, am Rand der Gesellschaft leben, keine Hoffnung und Zuversicht haben, bringt er mit Hilfe der alten liturgischen Geste der Fußwaschung zum Ausdruck. Diese steht für ihn gegen eine Gewöhnung an die Gleichgültigkeit, eine Unkultur der Entsorgung von Überflüssigen. Respekt und Zuwendung wird denen signalisiert, die lebensmäßig »schlecht bei Fuß sind«, denen es »nicht gut geht«.

Papst Franziskus hatte schon als Erzbischof von Buenos Aires Füße

---

51 Enzensberger, Hans Magnus, aus Hans Magnus Enzensberger, Die Große Wanderung. Dreiunddreißig Markierungen. Mit einer Fußnote »Über einige Besonderheiten bei der Menschenjagd«. S.28–30 © Suhrkamp Verlag, Frankfurt am Main 1994. Alle Rechte vorbehalten durch Suhrkamp Verlag Berlin. – Dazu auch: Zulehner, Paul M./Denz, Hermann/Pelinka, Anton/Tálos, Emmerich: Solidarität. Option für die Modernisierungsverlierer, Innsbruck 2. Aufl. 1997.
52 Interview in La Repubblica, Oktober 2013.

Abbildung 14: Kind: Die Füße wäscht der Papst
© Andreas Prüstel / toonpool.com

gewaschen: »Er gab sich besondere Mühe, den von der Gesellschaft an den Rand Gedrängten seine Wertschätzung und Liebe zu zeigen; dabei griff er auf die Symbolik der Fußwaschung zurück, Jesu Dienst an seinen Jüngern, den die Kirche jedes Jahr an Gründonnerstag feiert. Im Jahr 2001 überraschte er die Belegschaft des Mufiiz-Krankenhauses in Buenos Aires damit, dass er nach einem Krug Wasser verlangte und dann dazu überging, zwölf Patienten, die sich aufgrund von Komplikationen ihrer Aids-Erkrankung hier befanden, die Füße zu waschen.«[53]

Als Papst wäscht er jungen Menschen im römischen Jugendgefängnis die Füße. Unter den Zwölfen ist zum Ärger mancher Frommen auch in hohen Vatikanischen Kreisen eine Muslima.

Weil es sich um eine derart wichtige und sinnliche Geste handelt, hat sie in Karikaturen Eingang gefunden, oft ein wenig verfremdet, auch heiter. Ein Kind, vom Vater zur Rede gestellt, warum es sich die Füße nicht gewaschen habe, erwidert: Die wäscht der Papst.

53   Vallely: Papst Franziskus 123.

Arm leben in reichen Ländern?

Der wiederholt geäußerte Wunsch des Papstes nach einer armen Kirche für/mit den Armen wird von Papst Franziskus persönlich glaubhaft gelebt. Auch wenn ihn manche deshalb für einen »Idioten« halten, einen »Einzelgänger«, einen »Eigenbrötler« und nicht zuletzt einen »Zerstörer des Papstamtes«, freilich des feudal konzipierten.

Aber passt die spirituell tiefgründige Aufforderung des Papstes auch für Menschen in reichen Ländern, noch mehr, für Christinnen und Christen in reichen Ländern? Karikaturisten haben Zweifel geortet und ins Bild gebracht:

Nun kann ja zunächst einmal darauf hingewiesen werden, dass wir in Europa eine enorme organisierte Solidarität praktizieren. Es werden auf Einkommen und Vermögen hohe Steuern eingezogen, um die europäische Errungenschaft des Sozialstaates finanzieren zu können. Alle großen Risiken sind abgefedert: Arbeitslosigkeit, Krankheit, Altersvorsoge, Pflege.

Das hohe Maß an organisierter Solidarität kann allerdings dazu führen, dass die persönlich gelebte Solidarität unterentwickelt bleibt. Ein ähnliches Phänomen gibt es auch in den Kirchen mancher europäischer Länder. Die Sorge um die Armen ist aus den Gemeinden in eine professionell arbeitende Caritas ausgelagert. Manche Gemeinden führen ein bürgerlich unauffälliges Leben, feiern Gottesdienste, pflegen Gemeinschaft, »treffen sich sonntags zu einem religiös verschönten Konditoreibesuch« (Helmut Schüller). Aber die Armen bleiben aus den Gemeinden weg.

Kann man also in einem reichen Land arm leben, zumal dann, wenn man selbst nicht von Armut betroffen ist?[54] Manche sagen, ein Moment einer solchen Armut im Reichtum kann sein, dass ich eine Handvoll Leute um mich habe, für die ich mich verausgabe, ohne dass ich etwas zurückerwarte.

Aber auch Kirchengemeinden können eine Kultur der Armut entwickeln. Die Pfarrei Weiz in der Steiermark plant einen mehrjährigen »Konziliaren Prozess«, um miteinander zu klären, wie die Pfarrge-

---

54 Holztrattner, Magdalena M.: Innovation Armut. Wohin führt Papst Franziskus die Kirche?, Innsbruck, Wien 2013.

Abbildung 15: Ein Papst für die Armen?

meinde die von Franziskus gewünschte Armut praktisch leben kann. Projekte werden ausgearbeitet, in denen sich Pfarrmitglieder mit vielen anderen Menschen guten Willens in der Region zusammenschließen. Weiz kennt bereits den Begriff der Solidarregion.

Das ist einer der Gründe, warum – so Papst Franziskus – Pfarreien möglichst menschennah bleiben sollen.[55] Sie sind ein lückenloses Netz

55 Papst Franziskus verteidigt die Pfarrei – auch gegenüber den Geistlichen Bewegungen. Er folgt damit der Position seines Mentors Kardinal Carlo Maria Martini, der unter Johannes Paul II. auch die Pfarrei streitbar verteidigt hatte. »Die Pfarrei ist keine hinfällige Struktur; gerade weil sie eine große Formbarkeit besitzt, kann sie ganz verschiedene Formen annehmen, die die innere Beweglichkeit und die missionarische Kreativität des Pfarrers und der Gemeinde erfordern. Obwohl sie sicherlich nicht die einzige evangelisierende Einrichtung ist, wird sie, wenn sie fähig ist, sich ständig zu erneuern und anzupassen, weiterhin ›die Kirche (sein), die inmitten der Häuser ihrer Söhne und Töchter lebt‹. 26 Das setzt voraus, dass sie wirklich in Kontakt mit den Familien und dem Leben des Volkes steht und nicht eine weitschweifige, von den Leuten getrennte Struktur oder eine Gruppe von Auserwählten wird, die sich selbst betrachten. Die Pfarrei ist eine kirchliche Präsenz im Territorium, ein Bereich des Hörens des Wortes Gottes, des Wachstums des christlichen Lebens, des Dialogs, der Verkündigung, der großherzigen Nächstenliebe, der Anbetung und der liturgischen Feier. 27 Durch all ihre Aktivitäten ermutigt und formt die Pfarrei ihre Mitglieder, damit sie aktiv Handelnde in der Evangelisierung sind. 28 Sie ist eine Gemeinde der Gemeinschaft, ein Heiligtum, wo die Durstigen zum Trinken kommen, um ihren Weg

diakonaler Aufmerksamkeit. Wenn Pfarreien aus dem Evangelium leben, sind sie randvoll mit einer praktischen Spiritualität der Fußwaschung: Die Pfarrgemeinde schaut auf die Not der Menschen hin und nicht weg, sie analysiert die Ursachen, entwickelt ein starkes Mitgefühl und macht zielführende Projekte mit Menschen am Rand, Menschen in Not.

Hier deutet sich bereits an, dass eine solche Kultur der Armut nicht allein darin besteht, vom Überfluss etwas herzugeben. Eine evangeliumskonforme Kultur der Armut trägt zwar auch diese Freigebigkeit in sich. Indem sie aber auch den Ursachen der Not nachgeht und diese zu beheben trachtet, betreibt eine solche Armutskultur nicht nur helfende Diakonie, sondern verdichtet sich in politischer Diakonie.

Frieden aus Gerechtigkeit

Hieß es bei den Römern: »Si vis pacem para bellum!« (Willst du Frieden, rüste für den Krieg!), so lehrt die katholische Kirche unermüdlich: »Si vis pacem, para iustitiam!« (Willst du Frieden, sorge dich um Gerechtigkeit!) »Gerechtigkeit und Frieden küssen sich«, so in biblischer Poesie der Psalm 85,11.

Hilfe für die Opfer von Armut und Krieg

Diese Position der Katholischen Soziallehre vertritt der Papst vehement. Sie hat Papst Franziskus zu seiner ersten Pastoralreise aus dem Vatikan veranlasst. Er fuhr nach Lampedusa. An dieser Insel stranden immer mehr Flüchtlinge – aus Afrika, aus den Kriegsgebieten des Nahen Ostens. Unbekannt viele sind inzwischen im Mittelmeer ertrunken. 3000 sollen es zurzeit der Papstreise nach Lampedusa gewesen sein. Das Mittelmeer ist dabei, ein riesiger Friedhof unzähliger unbekannter Bootsflüchtlinge zu werden. Mit seiner Reise wollte der Papst der vielen

fortzusetzen, und ein Zentrum ständiger missionarischer Aussendung. Wir müssen jedoch zugeben, dass der Aufruf zur Überprüfung und zur Erneuerung der Pfarreien noch nicht genügend gefruchtet hat, damit sie noch näher bei den Menschen sind, Bereiche lebendiger Gemeinschaft und Teilnahme bilden und sich völlig auf die Mission ausrichten.« (EG 28)

Abbildung 16: Lampedusa

© Paolo Calleri, www.paolo-calleri.de

Toten gedenken und sich für die Flüchtlinge stark machen. Das Gewissen Europas wollte er aufrütteln. »Ich habe dafür nur ein Wort: Schande«, sagte er am 4. 10. 2013.

Seine Worte zeigten Wirkung. Italien verstärkte im Auftrag der Europäischen Union die Patrouillenfahrten vor der Küste. Die Aktion Mare nostrum wurde ins Leben gerufen. Bootsflüchtlinge wurden an Land gebracht und in Europa verteilt. Italienische Fischer machten sich nun nicht mehr strafbar, wenn sie Flüchtlinge vor dem Ertrinken retteten und ihnen halfen, an Land zu kommen.

Papst Franziskus bleibt aber nicht bei Appellen. Er regte kirchliche Einrichtungen, Pfarrgemeinden, Orden an, in den wegen Personalmangels nicht mehr voll genützten Räumen Flüchtlinge aufzunehmen. Es haben sich inzwischen auch schon beachtliche Initiativen entwickelt.

Nach der zehnten Regel des Katakombenpakts ist es zu wenig, »nur« den Opfern zu helfen, so überlebenswichtig das im ersten Schritt ist. Zu überwinden sind jene gesellschaftlichen Strukturen (Haltungen, Spielregeln, Abläufe, Gesetzlichkeiten und Gesetze), die Menschen in die

Flucht treiben. Das sind vor allem Armut wegen mangelnder Entwicklung und Krieg.

Mehr Gerechtigkeit, weniger Kriege

Unermüdlich weist daher Papst Franziskus darauf hin, in einer weltweiten Anstrengung jene Armut abzubauen, die zu sozialen Unruhen und Kriegen führt, die wiederum viele in die Flucht treiben.

»Wir stecken mitten im dritten Weltkrieg, allerdings in einem Krieg in Raten. Es gibt Wirtschaftssysteme, die um überleben zu können, Krieg führen müssen. Also produzieren und verkaufen sie Waffen. So werden die Bilanzen jener Wirtschaftssysteme saniert, die den Menschen zu Füßen des Götzen Geld opfern. Man denkt weder an die hungernden Kinder in den Flüchtlingslagern noch an die Zwangsumsiedlungen, weder an die zerstörten Wohnungen noch an die im Keim erstickten Menschenleben. Wie viel Leid! Wie viel Zerstörung! Wie viel Schmerz! Heute, liebe Brüder und Schwestern, steigt in allen Teilen der Erde, in allen Völkern, in jedem Herzen und in den sozialen Bewegungen der Schrei nach Frieden auf: Nie wieder Krieg!«[56]

»Solange die Probleme der Armen nicht von der Wurzel her gelöst werden, indem man auf die absolute Autonomie der Märkte und der Finanzspekulation verzichtet und die strukturellen Ursachen der Ungleichverteilung der Einkünfte in Angriff nimmt,[57] werden sich die Probleme der Welt nicht lösen und kann letztlich überhaupt kein Problem gelöst werden. Die Ungleichverteilung der Einkünfte ist die Wurzel der sozialen Übel.« (EG 202)

Zur Kultur der Armut im Kontext des Reichtums gehört es daher, nicht nur innerhalb des Landes (über persönliche und organisierte Solidarität) Armut zu mindern, sondern auch internationale Solidarität zu praktizieren. Die Menschheit ist in der einen Welt derart vernetzt, dass

---

56 Papst Franziskus vor Vertretern weltweiter Sozialer Bewegungen, Rom 28.10.2014 (übersetzt von Norbert Arntz, in: Wir sind Kirche, Winter 2014/2015, 1).

57 Das schließt ein, »die strukturellen Ursachen der Fehlfunktionen der Weltwirtschaft zu beseitigen«: Benedikt XVI., Ansprache an das beim Heiligen Stuhl akkreditierte Diplomatische Korps (8. Januar 2007): AAS 99 (2007), 73.

die Konflikte in einer fernen Region heute längst auch uns hierzulande berühren. Der Konflikt in der Ukraine stört wirtschaftliche Abläufe und belastet indirekt die ohnedies schon überlasteten Budgets für Bildung und Soziales. Mittel für die Entwicklungszusammenarbeit werden rasch gekürzt. Österreich ist schon seit Jahren von den in Europa geforderten 0,7 % des BIP weit entfernt. Eine Kultur der Armut verlangt also von uns, dass wir als reiches Land den internationalen Verpflichtungen nachkommen, großzügig Flüchtlinge aufnehmen und vor allem viel dafür tun, dass es morgen keine Flüchtlinge mehr geben muss.

Papst Franziskus hatte in seiner kurzen Amtszeit schon mehrmals auch die Gelegenheit, Mächtige von kriegerischen Maßnahmen abzuhalten. Er greift dann schon einmal zum Telefon und spricht mit Präsident Barak Obama, er solle in Syrien keine Raketenangriffe starten. Er ruft Präsident Wladimir Putin an, um ihn für friedensstiftende Maßnahmen zu gewinnen.

Bei seiner Reise nach Israel und Palästina besucht er nicht nur, wie seine Vorgänger Johannes Paul II. und Benedikt XVI., die Klagemauer in Jerusalem. »Auf dem Weg von seinem Besuch bei Präsident Abbas am heutigen Morgen zur Messfeier auf dem Vorplatz der Geburtskirche in Betlehem wich Papst Franziskus vom vorgesehenen Programmablauf ab und begab sich zu der streng bewachten Betonmauer, die Israel von Palästina trennt, um dort einige Minuten von Menschen umringt im Gebet zu verweilen.«[58] Damit zeigte er, wie sehr er an dieser Wunde der Völkergemeinschaft mitleidet. Im Frühjahr 2014 war es Papst Franziskus gelungen, Simon Peres und Machmud Abbas zu einem Friedensgebet im Vatikan zusammenzuführen. Peres kommentierte »that neither the United Nations nor its peacekeepers ›have the force or the effectiveness of any one of the pope's homilies‹.«[59]

Am 4. Oktober feierte Papst Franziskus am Fest seines Namensgebers einen Gottesdienst in Assisi. Dieser ist für ihn ja auch der Mann des Friedens, und nicht nur der Armut und der Schöpfung. Er nahm diese Gelegenheit zum Anlass, um mit Blick auf die Konflikte im Nahen Osten, im Heiligen Land und in Syrien zu sagen:

58 http://www.zenit.org/de/articles/papst-franziskus-betet-an-trennmauer-zwischen-israel-und-palastina
59 NCR, 30.12.2014. – Weder die Vereinten Nationen noch deren Friedenshüter haben die Kraft und Wirkmächtigkeit von gleich welcher Homilie des Papstes.

»Mögen die bewaffneten Konflikte aufhören, die die Erde mit Blut tränken; mögen die Waffen schweigen und überall Hass der Liebe weichen! ... Hören wir den Schrei derer, die weinen, leiden und sterben aufgrund von Gewalt, Terrorismus oder Krieg.«[60]

Europa

Seine Reise nach Straßburg zum Europarat im November 2014 war vom gleichen friedenspolitischen Anliegen inspiriert.

»Der Plan der Gründungsväter sah vor, Europa wiederherzustellen in einem Geist gegenseitigen Dienstes, was noch heute, in einer Welt, die mehr zum Fordern als zum Dienen neigt, der Schlussstein der Mission des Europarates sein muss, um den Frieden, die Freiheit und die Menschenwürde zu fördern.«[61] ...

»Doch der Friede ist nicht das bloße Nichtvorhandensein von Kriegen, Konflikten und Spannungen. Aus christlicher Sicht ist er zugleich Geschenk Gottes und Frucht des freien und vernünftigen Handelns des Menschen, der in Wahrheit und Liebe das Gemeinwohl im Auge hat. ›Diese geistige und sittliche Ordnung stützt sich gerade auf die Gewissensentscheidung der Menschen für eine Harmonie in ihren wechselseitigen Beziehungen, und dies unter Beachtung der Gerechtigkeit für alle.‹[62] ...

»Ich habe den nachdrücklichen Wunsch, dass eine neue soziale und wirtschaftliche Zusammenarbeit entsteht, die frei ist von ideologischen Bedingtheiten und der globalisierten Welt zu begegnen weiß, indem sie den Sinn für Solidarität und gegenseitige Liebe lebendig erhält, der dank des großherzigen Wirkens von Hunderten von Männern und Frauen das Gesicht Europas so sehr geprägt hat. Diese Menschen – einige von ihnen betrachtet die katholische Kirche als Heilige – haben sich im Laufe der Jahrhunderte bemüht, den Kontinent zu entwickeln, sowohl durch unternehmerische Aktivität als auch im Erziehungswesen, in Hilfswerken und im Einsatz für Förderung des Menschen. Vor allem letztere stellen einen wichtigen Bezugspunkt für die zahlreichen Armen dar, die in Europa leben. Wie viele davon gibt es auf unseren Straßen! Sie bitten nicht nur um das Brot zum Leben, das elementarste der Rechte, sondern auch darum, den Wert

60 KNA 4. 10. 2014.
61 Radio Vaticana vom 25. 11. 2014.
62 Johannes Paul II., Botschaft zum 15. Weltfriedenstag, 8. Dezember 1981, 4.

des eigenen Lebens wiederzuentdecken, den die Armut leicht in Vergessenheit geraten lässt, und die Würde wiederzuerlangen, welche die Arbeit verleiht.«[63]

Asien

Immer wieder kreisen die Ansprachen auf den Auslands-Reisen von Papst Franziskus um diese Themen, ob nach Südkorea oder in die Türkei. In der Türkei warb er um einen friedlichen Dialog zwischen dem Islam und dem Christentum. Bei seinem Besuch bei dem mit ihm befreundeten Patriarchen Bartholomaios I. in Istanbul stand die Einung der orthodoxen und der katholischen Kirche im Mittelpunkt.

Kuba

Schon unter Johannes XXIII. und dann unter Papst Benedikt XVI. gab es Bemühungen, Bewegung in die politische Landschaft Kubas zu bringen, auch um den Christen im kommunistischen Land Raum zum Leben zu erweitern.

Papst Franziskus war aktiv, um die Beziehungen zwischen den USA und Kuba auf den Weg einer Normalisierung zu bringen. Das ist ihm offensichtlich gelungen. Am 17.12.2014 bedankte sich Präsident Obama öffentlich beim Papst: »His Holiness Pope Francis issued a personal appeal to me and to Cuban President Raul Castro urging us to resolve Alan's case«, Obama said. Later in the address, Obama thanked Francis for his example. »In particular«, Obama said, »I want to thank His Holiness Pope Francis, whose moral example shows us we should work for the world as it should be instead of accepting it as it is.«[64]

Das Staatssekretariat gab daraufhin auch Details über die päpstliche Intervention bekannt. Es drückte »herzliche Gratulation für die historische Entscheidung der Regierungen der Vereinigten Staaten von Amerika und Kubas aus, diplomatische Beziehungen aufzunehmen mit dem

63   https://w2.vatican.va/content/francesco/de/speeches/2014/november/documents/
     papa-francesco_20141125_strasburgo-consiglio-europa.html
64   »Seine Heiligkeit richtete einen persönlichen Appell an mich und an Kubas Präsident
     Raul Castro, wir sollten die Causa Alan lösen«, sagte Obama. Später in seinem Statement dankte Obama Franziskus für sein Beispiel. »Insbesondere«, so Obama, »möchte
     ich Seiner Heiligkeit Papst Franziskus danken, dessen moralisches Beispiel uns zeigt,
     dass wir für die Welt uns einsetzen sollen, wie sie sein soll, anstatt alles hinzunehmen,
     wie es ist.«

Ziel, im Interesse der Bürger beider Länder die Probleme zu überwinden, die ihre jüngste Geschichte prägten.

Franziskus, so in der Stellungnahme, habe Briefe an beide, Obama und Castro, geschrieben »und sie eingeladen, die Fragen von gemeinsamem Interesse zu klären, einschließlich der Situation einiger Gefangener, um eine neue Phase in der Beziehung zwischen beiden Parteien einzuleiten.»Der Heilige Stuhl empfing letzten Oktober Delegationen beider Länder im Vatikan und leistete gute Dienste, um einen konstruktiven Dialog über delikate Materien zu ermöglich, der in eine für beide Seiten akzeptable Lösung münden sollte«, so weiter in der Stellungnahme.

»Der Heilige Stuhl wird auch weiterhin Initiativen unterstützen, damit beide Nationen ihre bilateralen Beziehungen stärken und das Wohl ihrer eigenen Bürger fördern«, so schloss die Stellungnahme.[65]

Ökologie

Franziskus, ein Mann der Armut, des Friedens, aber auch und gerade der Schöpfung. Es gibt bislang noch keine höchstrangige päpstliche Lehräußerung zur ökologischen Herausforderung. Zwar liegen wichtige vereinzelte Aussagen seiner Vorgänger vor. Auch theologisch wurde in den letzten Jahrzehnten viel an Einsichten gewonnen.[66]

Papst Franziskus arbeitet dem Vernehmen nach an einer Enzyklika zur Ökologie. Diese wird eine ähnliche Bedeutung haben wie die erste Sozialenzyklika von Leo XIII. »Rerum novarum« aus dem Jahre 1891.

Einer seiner Berater beim Abfassen des Textes ist der in Xingu/Brasilien wirkende Vorarlberger Bischof Dom Erwin Kräutler. Dieser hat in Nordbrasilien mit einer Reihe von wirtschaftlichen Großprojekten zu tun, welche den Lebensraum der einheimischen Bevölkerung bedrohen und zugleich dem Ökosystem (un)vorhersehbaren Schaden zufügen.

65   NCR 17.12.2014.
66   Gabriel, Ingeborg/Steinmair-Pösel, Petra: Gerechtigkeit in einer endlichen Welt. Ökologie – Wirtschaft – Ethik, Ostfildern 2013. – Zulehner, Paul M.: Pastorale Futurologie. Kirche auf dem Weg ins gesellschaftliche Morgen, Düsseldorf 1990, Kapitel Mitwelt.

Abbildung 17: Der ökologische Papst

Der Kirchenreformer

Das Zweite Vatikanische Konzil war ein Pastoralkonzil. Sein Schlüssel-dokument ist die Pastoralkonstitution »Kirche in der Welt von heute«. Konstitution bedeutet vom Wort her »Verfassung«. Durch dieses Dokument sollte die Kirche in eine »gute Verfassung« gebracht werden. Die Jahrzehnte während Weigerung, in der modernen Welt »zur Welt zu kommen«, sollte überwunden werden. Im Antimodernismus war die Kirche seit dem Syllabus Pius IX. 1864 nicht bereit, die Errungenschaften der modernen Zeit anzuerkennen – wie Pressefreiheit, Meinungsfreiheit, Religionsfreiheit, Demokratie.

Papst Franziskus geht diese Reform der kirchlichen Innenarchitektur entschlossen an. Zwei seiner wichtigen kirchenreformerischen Projekte sollen nunmehr vorgestellt werden. Der Papst will eine neue Organisationskultur und eine neue Pastoralkultur in der katholischen Kirche implementieren.

Neue Organisationskultur in der Kirche

Die schwierige Weltgeburt der katholischen Kirche verlangte einen inneren Kirchenumbau. Mit der dogmatischen Konstitution über die Kirche (Lumen gentium) war diese Umgestaltung der kirchlichen Innenarchitektur in Angriff genommen worden. Die sensible Balance zwischen Kirche – Priester – Laien wurde unter Berücksichtigung der Bibel und der Kirchenväter neu adjustiert. Eine Entklerikalisierung wurde beschlossen, die Laien wurden aufgewertet.

Der Katakombenpakt enthält daher im dritten Teil auch einige wenige Verpflichtungen der Bischöfe hinsichtlich der Ausübung ihres Amtes im innerkirchlichen Bereich. Alle Kirchenmitglieder werden Geschwister genannt, die Priester, die Ordensleute und die Laien. Alle sind sie eine spirituelle Quelle für die Ausübung des bischöflichen Amtes. Ein neuer Amtsstil wird sie als Mitarbeitende betrachten und achten. Dazu braucht es menschliche Präsenz, Offenheit und Zugänglichkeit. Diese Offenheit gilt aber nicht nur innerkirchlich, sondern allen, gleich welcher Religion sie angehören.

Katakombenpakt 12. In pastoraler Liebe verpflichten wir uns, das Leben mit unseren Geschwistern in Christus zu teilen, mit allen Priestern, Ordensleuten und Laien, damit unser Amt ein wirklicher Dienst werde. In diesem Sinne werden wir

* gemeinsam mit ihnen »unser Leben ständig kritisch prüfen«;
* sie als Mitarbeiterinnen und Mitarbeiter verstehen, sodass wir vom Heiligen Geist inspirierte Animateure werden, statt Chefs nach Art dieser Welt zu sein.
* uns darum mühen, menschlich präsent, offen und zugänglich zu werden.
* uns allen Menschen gegenüber offen erweisen, gleich welcher Religion sie sein mögen (vgl. Mk 8,34 f.; Apg 6,1–7; 1 Tim 3,8–10).

Katakombenpakt 13. Nach der Rückkehr in unsere Diözesen werden wir unseren Diözesanen diese Verpflichtungen bekanntmachen und sie darum bitten, uns durch ihr Verständnis, ihre Mitarbeit und ihr Gebet behilflich zu sein.

Gott helfe uns, unseren Vorsätzen treu zu bleiben.

Diese Verpflichtungen hatte Kardinal Bergoglio schon als Erzbischof von Buenos Aires in die Tat umgesetzt. Als neugewählter Papst auf der

Auferstehung 2013

Abbildung 18: Steh auf, nimm dein Bett und geh

© Gerhard Mester.

Loggia des Petersdoms bat er als Erstes die Versammelten um ihr Gebet. Der Arbeitsstil des Papstes steht mit diesen Vorsätzen voll im Einklang. Fachtheologisch ausgedrückt: Die vom Konzil gewünschte Synodalität hat für Papst Franziskus einen herausragenden Stellenwert in der Organisationskultur der Kirche. Wo immer er kann, setzt er auf sie, lässt sich durch eine weltweit zusammengesetzte Gruppe von Kardinälen beraten, hat einen großen synodalen Prozess zur Entwicklung der Familienpastoral angezettelt. All das soll neues Leben in die »kranke Kirche« bringen. Es ist, als ob der Papst zur Patientin Kirche sagt: »Steh auf, nimm dein Bett und geh!« Eine »Auferstehung der Kirche« ist in Sicht. Seit 2013 – so sieht es treffsicher und einfühlsam ein Karikaturist.

Neue Strukturen

Selbst einen solchen Amtsstil zu praktizieren ist das eine. Die Strukturen der Kirche so umzubauen, damit dieser Amtsstil auch zur bleibenden Organisationskultur der Kirche wird, ist das andere. Das ist eine Herkulesaufgabe. Das auch deshalb, weil es erforderlich war, manchen Augiasstall auszumisten: Missbrauch, Vatikanbank, Kurienreform.

Abbildung 19: Papst mit Besen
© Robert Szionatz.

Missbrauch

Die Aufarbeitung des Skandals des Missbrauchs von Kindern durch Amtsträger der Kirche und durch Ordensleute hat Papst Franziskus energisch in Angriff genommen. Kaum ein Vorkommnis hat die Reputation der katholischen Kirche moralisch wie finanziell so sehr belastet.

Papst Franziskus steht für Nulltoleranz. Er hat Priester und Bischöfe amtsenthoben sowie Ordensleute entlassen. Die Zusammenarbeit mit den staatlichen Gerichten wurde gesichert. Das Vertuschen hat ein Ende. Die es versucht haben, haben sich, so der Papst ohne Zögern, mitschuldig gemacht.

Umbau der Kurie

Der Umbau der Kurie von einem uniformisierenden Zentralbüro zu einem »Server« für den Papst und die Ortsbischöfe ist ein Auftrag an den Papst aus der Generalkongregation vor der Wahl. Zu viele Klagen haben sich angesammelt und im Auditorium Luft gemacht. Manche Ortsbischöfe haben sich wie Schulbuben gefühlt, wenn sie in eine Kongregation zitiert worden waren – so ein österreichischer Bischof. Der Kontrollwahn der Kurie gegenüber den Regionen der Weltkirchen war unerträglich geworden, theologisch wie menschlich. Kardinal Jorge Bergoglio hatte als Vorsitzender der CELAM diesbezüglich selbst schlechte Erfahrungen gemacht. Das hat ihn wohl zusätzlich motiviert, der Kurie eine andere Struktur und einen anderen Arbeitsstil zu verordnen. Der Prozess ist voll in Gang und organisationsentwicklerisch gut aufgesetzt.

Ist Papst Franziskus in den politischen wie pastoralen Belangen eher ein Franziskaner, kommt in Fragen der Kirchenreform der Jesuit voll zum Tragen. Er hört lange zu[67], unterscheidet ignatianisch die Geister, berät sich, ruft Kardinäle und Bischöfe zu synodalen Beratungen zu-

---

67 »Wenn ein Priester eine Diözese oder eine Pfarrei leitet, muss er seine Gemeinde hören, um die Entscheidungen reifen zu lassen und sie auf diesem Wege zu führen. Setzt er sich hingegen durch und sagt auf irgendeine Art ›Hier bestimme ich‹, fällt er dem Klerikalismus anheim.« Erzbischof Bergoglio im Gespräch mit Skorka. Zitiert nach Vallely: Papst Franziskus, 154.

sammen. Synodale Beratung ist Papst Franziskus äußerst wichtig. Um diese zu verbessern, verändert er die Spielregeln für die Synode, damit ein wirklicher Austausch und Disput möglich wird und nicht nur nacheinander unzusammenhängende Statements abgelesen werden. Er setzt eine Gruppe von acht Kardinälen (K8) ein, die ihn bei den Reformen beraten. Sie kommen nicht aus der Kurie, sondern sind Repräsentanten der Kirchen auf den Kontinenten, zumeist die Vorsitzenden der jeweiligen Organisation der Bischofskonferenzen wie CELAM,

Abbildung 20: Reform-Widerstand
© Gerhard Mester.

CCEE, SECEAM oder ASEAN. Der neue Kardinalstaatssekretär Pietro Parolin wurde dieser Gruppe bald nach seiner Bestellung hinzugefügt. Diese Gruppe (K9) tagt in überschaubaren Abständen und hat bereits zu tiefgreifenden Veränderungen im wirtschaftlichen und finanzpolitischen Bereich des Vatikanstaates geführt. Auch für die Familiensynode holt sich der Papst Rat bei seiner K9-Gruppe. Zudem nützt er die Zusammenkünfte der Kardinäle und diskutiert mit ihnen den Stand der Reformen. Dabei setzt er selbst Akzente, wie dies bei der Familiensynode der Fall war, wo er den Auftakt Kardinal Walter

Kasper[68] überließ, der einen engagierten offenen Disput in der Weltkirche auslöste.

»Ich werde alles tun, um sie zu ändern!«, sagte Papst Franziskus im
Gespräch mit Eugenio Scalfari im Oktober 2013 und meinte die katholische Kirche. Viele, die keine Änderungen wollen, halten den Atem an
und organisieren den Widerstand. Aber der Papst bleibt auf Reformkurs.
Er will die Kirche fit machen fürs »Auslaufen« aus dem Trockendock der
Ängstlichen und randvoll mit dem Evangelium an die Menschen heran-
navigieren. Das ist der Sinn der angestrebten Veränderungen.

Abbildung 21: Altlasten
© Sue Dewar, 2013-03-18 / artizans.com

In einem Interview noch als Vorsitzender der CELAM im Jahre 2007
erklärt er diese Entschlossenheit zur Veränderung dadurch, dass Treue
zur Tradition Wachsen und Voranschreiten bedeute. Traditionalisten
und Fundamentalisten klebten hingegen am Buchstaben. Leben aber sei
immer Veränderung:

»Das Ausharren im Glauben impliziert das Hinausgehen. Denn gerade dadurch, dass man im Herrn bleibt, geht man aus sich selbst heraus. Parado-

---

68   Kasper, Walter: Das Evangelium von der Familie, Freiburg 2014.

xerweise gerade dann, wenn man bleibt, ändert man sich, weil man gläubig ist. Man bleibt nicht gläubig, wenn man wie die Traditionalisten oder die Fundamentalisten am Buchstaben klebt. Treue ist immer Änderung, Aufkeimen, Wachstum. Der Herr bewirkt eine Änderung in dem, der ihm treu ist.«[69]

Neue Pastoralkultur

»Sagen wir jetzt etwas zum Papst in Bezug zu den Bischöfen … Es ist seine Aufgabe, die Hirten an ihre erste Pflicht zu erinnern, nämlich die Herde zu nähren – die Herde nähren –, die der Herr ihnen anvertraut hat, sowie väterlich, voller Barmherzigkeit und ohne falsche Ängste die verlorenen Schafe zu suchen und aufzunehmen. Hier habe ich etwas Falsches gesagt. Ich habe gesagt aufnehmen: hingehen, sie aufsuchen!«[70]
Durch uns erreicht der Herr die Seelen, durch uns lehrt, bewahrt und leitet er sie. Der heilige Augustinus sagt in seinem Kommentar zum Johannesevangelium: ›Es sei ein Erweis der Liebe, die Herde des Herrn zu weiden‹ (123,5); dies ist die oberste Norm für das Verhalten der Diener Gottes, eine bedingungslose Liebe, wie jene des Guten Hirten, voll Freude, allen Menschen gegenüber offen, achtsam auf den Nahestehenden und fürsorglich gegenüber den Fernen (vgl. Augustinus, Reden 340,1; Reden 46,15), einfühlsam gegenüber den Schwächsten, den Geringen, den Einfachen, den Sündern, um die unendliche Barmherzigkeit Gottes mit den ermutigenden Worten der Hoffnung zu offenbaren (vgl. ders., Brief 95,1).[71]

Grundzüge

Zur Agenda des Papstes gehören aber nicht nur strukturelle, sondern – ihm zumindest ebenso wichtig – pastorale Reformen. Solche werden von Reformgruppen, aber auch Kirchenleitungen einzelner Ortskirchen

---

69 Interview mit Kardinal Jorge Bergoglio über die Versammlung der lateinamerikanischen Bischöfe in Aparecida 2007: http://www.30giorni.it/articoli_id_16590_l5.htm#
70 Papst Franziskus zum Abschluss der Synode am 18. 10. 2014. Zitiert nach: http://www.dbk.de/nc/presse/details/?presseid=2658
71 Franziskus zum Ende der Synode: http://de.radiovaticana.va/storico/2014/10/18/papst_franziskus_zum_ende_der_synode/ted-831801

schon seit dem Konzil verlangt. Mit seiner »Kirchenreform von oben« überholt dieser Papst aber nicht nur seine Vorgänger und von diesen ernannte Bischöfe, sondern selbst manche kirchliche Reformgruppen links. Um Letztere ist es still geworden. Warten sie ab, misstrauisch, was er gegen den Widerstand erreicht und vor allem wer nach ihm kommt? Das sind die vertrauten Reformthemen stichwortartig aufgelistet[72]:

- Kultur der Sexualität, damit Ehe, Familie, Homosexualität, Scheidung, Zulassung zu den Sakramenten;
- der weltweite Priestermangel;
- der Ausbau wirklicher Beteiligung auf allen Ebenen;
- die Frauenfrage, Geschlechtertheorie, Zugang von Frauen zu kirchlichen Ämtern.

Anders als seine Vorgänger betrachtet Papst Franziskus kirchliche Kreise und Organisationen, die solche Reformwünsche äußern, nicht als »unkirchlich«. Vielmehr ermuntert er zu einer offenen Diskussion dieser Fragen. Es mutet geradezu peinlich an, dass er in einer Ansprache auf der außerordentlichen ersten Familiensynode die Kardinäle ausdrücklich aufforderte, offen und ehrlich zu reden. Was haben sie nur bisher getan?

»Some of you might ask me, ›But, father, didn't some of the bishops fight?‹ I wouldn't say ›fight‹, but they did speak strongly, that's true. This is the freedom that exists in the church,« the pope said to the applause of the crowd gathered in St. Peter's Square.
»I asked the synod fathers to speak with frankness and courage and to listen with humility – to say everything that was in their hearts with courage,« he said. »There was no pre-censorship at the synod. None. Everyone could, or better, had to say what was in his heart, what he really thought.«[73]

72   Sehr kompakt waren diese Themen auf dem Blatt zu finden, das den Unterzeichnenden des Kirchenvolksbegehrens 1995 vorgelegt worden war: Zulehner, Paul M.: Kirchenvolks-Begehren und Weizer Pfingstvision. Kirche auf Reformkurs, Düsseldorf 1995. Dieses von einer halben Million gestützte Votum führte zum »Dialog für Österreich«, der aber unter dem Druck des reformunwilligen Vatikan abgewürgt worden war.
73   Audienz des Papst am 15.12.2014: http://en.radiovaticana.va/news/2014/12/15/pope_francis_rigidity_is_a_sign_of_a_weak_heart/1114830# »Manche von euch könnten mich fragen ›aber, Vater, haben nicht einige der Bischöfe gefightet?‹ Ich würde nicht sagen ›gefightet‹, aber sie haben bestimmt gesprochen, das ist wahr. Das ist die Freiheit, die in der Kirche herrscht«, sagte der Papst unter Applaus der Menge die auf dem Peterplatz versammelt war. – »Ich habe die Synodalen gebeten, mit Freimütigkeit und Mut zu

Konzentration

So wie der Papst der Kirche eine neue Organisationskultur schenken will, möchte er auch eine vertiefte Pastoralkultur verbreiten. Am einfachsten lassen sich seine pastoralen Herzensanliegen in zwei »W« bündeln: Herzen wärmen und Wunden heilen.

»Ich sehe ganz klar« – fährt er fort –, »dass das, was die Kirche heute braucht, die Fähigkeit ist, Wunden zu heilen und die Herzen der Menschen zu wärmen – Nähe und Verbundenheit. Ich sehe die Kirche wie ein Feldlazarett nach einer Schlacht. Man muss einen Schwerverwundeten nicht nach Cholesterin oder nach hohem Zucker fragen. Man muss die Wunden heilen. Dann können wir von allem anderen sprechen. Die Wunden heilen, die Wunden heilen … Man muss ganz unten anfangen.«[74]

Herzen wärmen

Das Herz der Menschen wärmt Papst Franziskus, wo er kann, durch Nähe und Verbundenheit. Er zeigt allen Menschen seinen Respekt. Das Urteilen über Menschen (und sich selbst) überlässt er Gott. Ihm liegt an der Würde jedes Einzelnen, an den Menschenrechten, wie er in seiner Rede beim Europarat betont hat. Würde und Menschenrechte gründen für ihn in der Gottunmittelbarkeit eines jeden Menschen.

Wunden heilen

Sehr oft redet Papst Franziskus von den verwundeten Menschen, die es zu heilen gilt. Damit bewegt er sich auf der Spur einer Entwicklung, die in der westlichen Theologie bis zum evangelischen Theologen Søren Kierkegaard zurückreicht. Die östliche Theologie verfolgte diese Spur von Anfang an. Sie war nicht so sehr an einer Sünde, durch die Gottes Majestät beleidigt wird, interessiert. Im ihrem Mittelpunkt stand die Wunde des Todes: eine Wunde, die Angst und folglich böse macht. Es ist die Angst vor der Vergänglichkeit, der Verletzlichkeit, die zur Verzweiflung führen kann, so Kierkegaard.

---

sprechen und mit Demut zuzuhören – alle das mutig zu sagen, das in ihrem Herzen ist«, sagte er. »Es gab keine Zensur auf der Synode. Keine. Jeder konnte, oder vielmehr, sollte sagen, was in seinem Herzen war, was er wirklich denkt.«

74 Spadaro, Antonio: Das Interview mit Papst Franziskus, Freiburg 2013.

In der ostkirchlichen Tradition bedeutet daher Erlösung zu allererst Heilung des Menschen von der Wunde des Todes. Dabei steht nicht so sehr der Tod als Faktum im Mittelpunkt, sondern die Angst am Grund der Seele des Menschen. Angst aber macht den Menschen böse, er greift dann – statt zu vertrauen – zur Selbstsicherung durch Gewalt, Gier und Lüge.[75]

Die westkirchliche Heilungs-Tradition ist jünger. Zu nennen sind neben dem Protestanten Søren Kierkegaard[76] die katholischen Theologen Eugen Drewermann[77] und Eugen Biser[78], auf den sich in dieser Hinsicht wiederum Papst Benedikt stützt[79]. Papst Franziskus macht diese Wende von einem moralisierenden Christentum zu einem therapeutischen Christentum voll mit. Er distanziert sich vom ständigen Einmahnen bekannter moralischer Positionen durch die Kirche im Bereich des Lebensschutzes und der Sexualmoral.

»Das kann man an der Häufigkeit feststellen, mit der einige Themen behandelt werden, und an den Akzenten, die in der Predigt gesetzt werden. Wenn zum Beispiel ein Pfarrer während des liturgischen Jahres zehnmal über die Enthaltsamkeit und nur zwei- oder dreimal über die Liebe oder über die Gerechtigkeit spricht, entsteht ein Missverhältnis, durch das die Tugenden, die in den Schatten gestellt werden, genau diejenigen sind, die in der Predigt und in der Katechese mehr vorkommen müssten. Das Gleiche geschieht, wenn mehr vom Gesetz als von der Gnade, mehr von der Kirche als von Jesus Christus, mehr vom Papst als vom Wort Gottes gesprochen wird.« (EG 38)

75 Girard, René: Ich sah den Satan vom Himmel fallen wie einen Blitz, München 2002. – Renz, Monika: Erlösung aus Prägung. Botschaft und Leben Jesu als Überwindung der menschlichen Angst-, Begehrens- und Machtstruktur, Paderborn 2008.

76 Kierkegaard, Søren: Der Begriff Angst, Hamburg 1984. – Zu Kierkegaards Ansatz: Die Angst des modernen Menschen, Zürich 1977. – Künzli, Arnold: Die Angst des modernen Menschen. Søren Kierkegaards Angstexistenz als Spiegel der geistigen Krise unserer Zeit, Zürich 1947. – Ders.: Die Angst als abendländische Krankheit. Dargestellt am Leben und Denken Søren Kierkegaards, Zürich 1948.

77 Drewermann, Eugen: Strukturen des Bösen. Die jahwistische Urgeschichte in psychoanalytischer Sicht, München 1977 (zwei Bände). – Ders.: Wendepunkte oder Was eigentlich besagt das Christentum? Ostfildern 2014.

78 Biser, Eugen: Theologie als Therapie. Zur Wiedergewinnung einer verlorenen Dimension, Heidelberg 1985. – Ders.: Die glaubensgeschichtliche Wende. Eine theologische Positionsbestimmung, Graz 1986. – Ders.: Überwindung der Lebensangst. Wege zu einem befreienden Gottesbild, München 1996.

79 Eugen Biser ist der einzige Theologe, den Benedikt XVI. in seinem Interviewbuch »Salz der Erde« zitiert. Benedikt XVI./Seewald, Peter: Salz der Erde, München 1996.

Der Papst konzentriert sich also auf verwundete Menschen, die an physischer oder psychischer Armut leiden. Er verlangt von der ganzen Kirche, dass sie sich an die Seite dieser Menschen begibt und nichts anderes tut, als Wunden heilen. Wenn es ums Überleben geht, sind knifflige Befunde dogmatischer Art belanglos. Dann erübrigen sich auch in der Pastoral Fragen nach »Cholesterin« oder »hohem Zucker«. Nur auf diesem Weg kann die Kirche in der Nachfolge des Heilands Heil-Land werden.[80]

Im Folgenden soll diese neuartige Pastoralkultur am großen Thema Familie illustriert werden. Dazu hat Papst Franziskus einen länger währenden synodalen Prozess in Gang gesetzt.

Familiensynode

Die neue Pastoralkultur will der Papst in einem ersten Schritt im sensiblen Handlungsfeld »Ehe und Familie« entfalten. Ein Anliegen bewegt diesbezüglich viele in der Kirche, Betroffene wie Seelsorgerinnen und Seelsorger gleichermaßen. Es ist die Frage des Zugangs von Geschiedenen, die gegen das Eherecht der Kirche wieder heiraten, zu den Sakramenten der Versöhnung und der Eucharistie. Weitere Teilthemen auf diesem Feld sind: Zusammenleben vor einer standesamtlichen/kirchlichen Eheschließung, Homosexualität – und hier wieder gleichgeschlechtlich liebende Paare und ihr Wunsch, (mit medizintechnischer Hilfe oder Samenspenden) Kinder zu zeugen oder zu adoptieren. Als Grundherausforderung steht dahinter, was in kirchlichen Dokumenten leider zu Unrecht als »gender-ideology« verworfen wird – nämlich die Frage: Was ist ein Mann, was ist eine Frau? Es geht hier letztlich um eine theologische Anthropologie der Geschlechter, die sich hinter allen Teilfragen verbirgt.

Vorgeschichte

Schon auf dem Zweiten Vatikanischen Konzil war diese pastorale Sorge präsent. Kardinal Franz König hatte 1963 gemeint, dass die katholische Kirche diesbezüglich in der orthodoxen Praxis eine Lösung finden könne. Dort werde nach dem Doppelprinzip der Akribia und der Oiko-

---

80 Beranek, Markus: Kirche als Heil-Land. Ein Forschungsprojekt für Missio Aachen, Wien 2000.

nomia einerseits »akribisch« am Wort Jesu festgehalten. Wenn aber eine Ehe unwiderruflich zu Ende gegangen ist, habe andererseits der Bischof die Pflicht als »Hausvater« (»Ökonom«) zuzusehen, wie das »Leben in Frieden« weitergehen kann: denn dazu hat Gott uns berufen (1 Kor 7,15). Nach einer mehrmonatigen Buß- und damit Heilungszeit könne in einem konkreten Einzelfall eine zweite Krönung (liturgische Trauung) erfolgen. Kardinal König ging im Lernen bei den Ostkirchen nicht so weit. Er meinte aber, dass den wiederverheiratet Geschiedenen wenigstens der Zugang zu den Sakramenten in der katholischen Kirche offen stehen müsse.

Österreichs Bischöfe 1980

Große Hoffnungen hatten viele Ortsbischöfe auf die Familiensynode 1979 gesetzt. Papst Johannes Paul II. hatte aber während der Synode schon erkennen lassen, dass er keine Änderungen vornehmen werde. Kardinal König fuhr von der Synode enttäuscht, aber auch zum Handeln entschlossen nach Wien zurück. Als Vorsitzender der Bischofskonferenz rief er seine Bischofskollegen zusammen und gab mit ihnen eine einstimmige Erklärung der österreichischen Bischöfe mit folgendem Wortlaut heraus, die sich klar an die ostkirchliche Praxis anlehnte: »Ein besonderes Problem, das die Bischofssynode sehr beschäftigt hat, betrifft die Pastoral an Geschiedenen, die wieder geheiratet haben. Die Kirche hat auch solchen Christen gegenüber zu bezeugen, dass die Ehe nach dem Gebot des Herrn als unauflösliche Gemeinschaft zu verstehen ist. Deshalb kann sie derartige Zweitehen nicht als sakramentale Gemeinschaften anerkennen. Auch die Kirche steht unter dem Wort des Herrn. Andererseits ist es aber nach der Überzeugung der Bischofssynode Aufgabe der Kirche, auch gegenüber solchen bloß standesamtlich geschlossenen Ehen Verständnis zu zeigen. Solche Eheleute sind nicht von der Kirche getrennt. Sie sollen am gottesdienstlichen Leben teilnehmen. Nach der traditionellen Praxis der Kirche können sie aber nicht am vollen sakramentalen Leben teilnehmen, es sei denn, es liegen besondere Verhältnisse vor, die jeweils im Gespräch mit einem erfahrenen Priester der näheren Klärung bedürfen.«[81]

---

81 Erklärung der österreichischen Bischöfe zum Abschluss der Bischofssynode, zit. nach: Veröffentlichungen der Erzdiözese Salzburg 11 (1980).

In österreichischen Diözesen, auch an dem von mir damals geleiteten Institut für Pastoraltheologie in Wien, wurden in der Folgezeit solche »erfahrene Priester« ausgebildet. In einem Dokument des Wiener Priesterrates, das unter der Federführung von Weihbischof Helmut Krätzl erarbeitet worden war, lag ein Katalog von Kriterien vor.[82]

Der Papst zürnte dem Kardinal ob seines Alleingangs. Ein Teil seiner Reaktion war, dass Weihbischof Helmut Krätzl, von Kardinal Franz König als logischer Nachfolger aufgebaut, nicht zum Zuge kam. Kardinal Hans-Hermann Groer wurde Erzbischof von Wien. Und mit ihm wurden nach und nach weitere konservative Bischöfe ernannt.

Ich berichtete in einer Publikation 1981[83] von dieser Erklärung mit pastoraltheologischer Sympathie und erhielt umgehend ein Monitum der Glaubenskongregation, das mir Bischof Antonius Hofmann von Passau zuerst gar nicht mitteilen wollte. Als ich bei meiner Berufung nach Wien Kardinal König davon berichtete, erzählte er mir, dass auch bei ihm wiederholt bischöfliche Delegationen aus Rom vorsprächen und ihn ersuchten, die Erklärung zurückzunehmen.[84] Was aber nie geschah – und zwar bis heute nicht. Das ist wohl einer der Gründe, warum in vielen österreichischen Diözesen – ich schätze – bis zu 85 % sich an diese Erklärung der eigenen Bischöfe im Land halten und nicht an die weit restriktivere Position von Johannes Paul II. Dieser hielt eine Zulassung nur dann für möglich, wenn der staatlich geschlossene Lebensbund nicht mehr verlassen werden könne und das Paar auf jene Akte verzichte, die den Eheleuten vorbehalten sind.[85]

Dieses Beispiel zeigt, dass die pastorale Praxis in vielen Ortskirchen sich von der päpstlich vorgegebenen Linie abgekoppelt hat. Das schadet dem Ansehen der Kirche, die in der pastoralen Nähe anders handelt als vom übergeordneten (fernen) Lehramt gefordert. Die Pfarrerinitiative unter Helmut Schüller fordert deshalb eine Angleichung des Lehramts

82 Krätzl, Helmut: Seelsorge an wiederverheirateten Geschiedenen. Derzeitiger Stand der Diskussion; (überarbeitetes Referat, gehalten von dem Wiener Priesterrat am 15.11.1978), Wien 1979.
83 Zulehner, Paul M.: Scheidung – was dann...? Fragment einer katholischen Geschiedenenpastoral, Düsseldorf 1990.
84 Mehr dazu in: Zulehner, Paul M.: Mitgift. Autobiografie anderer Art, Ostfildern 2014.
85 Johannes Paul II.: Familiaris consortio, Rom 1980, 84.

an die verbreitete Praxis vieler gläubiger Betroffener und ihrer Seelsorgerinnen und Seelsorger.[86]

Oberrheinische Bischöfe 1994

1994 unternahmen die oberrheinischen Bischöfe Karl Lehmann, Walter Kasper und Josef Saier einen neuerlichen Vorstoß in dieser pastoral bedrängenden Frage.[87] Sie beriefen sich u. a. auf eine Praxis, die es in der Zeit der westlichen Kirchenväter gegeben habe. Kardinal Ratzinger schob aber diesem Versuch als Chef der Glaubenskongregation einen Riegel vor.[88] Die Kluft zwischen der Position »Roms« und manchen Ortskirchen vergrößerte sich dadurch noch weiter.

Papst Franziskus konnte das alles nicht verborgen bleiben. Er wusste auch dank seiner großen seelsorglichen Nähe zu den Menschen schon als Erzbischof, dass die Lage vieler Ehen und Familien in Lateinamerika aus Gründen der Armut und der Arbeitsmigration vieler Ehemänner prekär ist.[89] Viele Paare sind erst gar nicht verheiratet. Manche ängstliche oder kirchenrechtlich ausgerichtete Priester taufen unehelich geborene Kinder nicht und vergrößern dadurch nur noch das Leid der durch die Armut schwer belasteten Mütter.

So überrascht es nicht, dass der Papst schon bald nach seinem Amtsantritt eine Familiensynode einberief.

Vorgehen

Die Familiensynode nahm er gleich zum Anlass, die Arbeitsweise der Bischofssynode zu reformieren. Es war für den Papst unangebracht, dass Bischöfe allein über eine pastorale Frage beraten, von der sie selbst als

86 Zulehner, Paul M.: Aufruf zum Ungehorsam. Taten, nicht Worte reformieren die Kirche; zweite »kreuz&quer«-Pfarrerstudie der ORF-Abteilung Religion (Gerhard Klein), Ostfildern 2012.

87 Gemeinsames Hirtenschreiben der Bischöfe der Oberrheinischen Kirchenprovinz zur Pastoral mit Geschiedenen und Wiederverheirateten Geschiedenen, Mainz-Rottenburg/Stuttgart-Freiburg 1994.

88 Ratzinger, Joseph Kardinal: Schreiben an die Bischöfe der katholischen Kirche über den Kommunionempfang von wiederverheirateten geschiedenen Gläubigen, Rom 1994.

89 »In Buenos Aires bekam er es mit konkreten Problemen zu tun«, erinnerte sich Pater Augusto Zampini, ein Diözesanpriester aus der Stadt. ›Wenn man in einem Elendsviertel arbeitet, besteht die Gemeinde zu neunzig Prozent aus Alleinstehenden für die Geschiedenen. Man muss lernen, damit umzugehen. Die Kommunion für die Geschiedenen, die wieder geheiratet haben, ist dort keine Frage. Jeder empfängt die Kommunion.‹« Vallely: Papst Franziskus, 144.

ehelose Männer gar nicht betroffen sind. So entschied er, die im Leben Erfahrenen, in diesem Sinn »Lebens-Experten« einzuladen, ihm von ihren Erfahrungen zu berichten.

Zwei Haltungen

Um die reale Lage der Ehen und Familien in den unterschiedlichsten Regionen der Weltkirche auszuleuchten, bediente er sich des sozialwissenschaftlichen Instruments einer Umfrage. Ein höchst disparater Fragebogen wurde erstellt: Ein Teil der Fragen erschien als höchst traditionell, ein anderer an der Realität interessiert. Diese unterschiedlichen Passagen repräsentieren zwei unterschiedliche Haltungen:

- Die eine Haltung geht davon aus, der Kirche sei geoffenbart, wie die Menschen moralisch zu leben haben und das Zusammenleben in einer Ehe und in den Familien auszusehen habe. Eine Umfrage könne deshalb nur den einen Sinn haben zu erfahren, inwieweit die Lehre der Kirche über Ehe und Familie angenommen werde. Darauf aufbauend könne die Vermittlung der Lehre verbessert werden. Die eigentlichen Experten aber sind in diesem Fall die Glaubenskongregation, die Bischöfe, die Dogmatiker und die Eherechtsgelehrten. Der Weg führt von der Lehre zur Praxis. Leitend ist die Annahme, dass der Kirche die »Wahrheit« über Ehe und Familie geoffenbart ist. Über diese könne nicht mit Umfragen abgestimmt werden.

- Die andere Haltung hat Interesse an den Lebenserfahrungen von Menschen, die ihr konkretes Ehe- und Familienleben aus dem Geist des Evangeliums zu meistern bestrebt sind. Und das unter den ökonomischen, sozialen und kulturellen Bedingungen unserer Zeit. Jetzt sind die »Experten« jene Menschen, die als Paare verbindlich verbunden sind, vielleicht Kinder zeugen und großziehen und sich um die alten Angehörigen kümmern.[90] Der Weg verläuft nunmehr vom Leben zur pastoralen Praxis, wodurch auch die überkommene Lehre eine vertiefende Weiterentwicklung erfahren kann. Auch jetzt geht es um eine Wahrheit, nämlich die Wahrheit des geistgewirkten Lebens

---

90   Ganz »in diesem Sinn soll der Fragenkatalog für die ordentliche Bischofssynode 2015 (Lineamenta) verhindern, dass Bischöfe ›ihre eigenen Vorstellungen von einer Seelsorge als reiner Anwendung der Lehre‹ äußerten, die nicht die Folgerungen der Außerordentlichen Bischofssynode berücksichtige. Er solle den ›nötigen Realismus‹ fördern.« KATHPRESS-Tagesdienst 292 (09. 12. 2014), 11.

von betroffenen Menschen. Für die Suche nach einer auf die »Wahrheit« gestützten pastoralen Praxis gibt es demnach zwei gewichtige Quellen: die auf die Bibel gestützte Tradition sowie das gläubige Ringen betroffener Menschen. So besehen stimmt nicht das Kirchenvolk über die »Wahrheit« ab. Es ist aber für die Kirche nicht belanglos, wenn eine große Mehrheit bei ihrem Versuch, das Evangelium im konkreten Ehe- und Familienalltag zu leben, zu einer bestimmten Lebenspraxis findet.

Während also die einen die Umfrage zur moralischen Verbesserung der Menschen, ihrer Ehen und Familien mittels der besser nahegebrachten Lehre der Kirche nützen wollen, versuchen andere, aus den vom Evangelium durchfluteten Erfahrungen von liebenden Paaren, ihren Kindern und von ihnen umsorgten alten, kranken und sterbenden Angehörigen zu lernen. Je nach Haltung fällt das Fragen anders aus. Das war dem Fragebogen deutlich anzumerken. Vielleicht hatte jemand zunächst einen Entwurf im Rahmen der ersten Haltung entworfen. Dann aber hat wohl der Papst jemand anderen gebeten, Fragen hinzuzufügen, die mehr der zweiten Haltung entspringen.

Befragung des Kirchenvolks

Dieser Fragebogen wurde den Bischofskonferenzen übermittelt. Beigefügt war die Aufforderung, die Fragen möglichst breit mit dem Kirchenvolk zu diskutieren. Manche Ortsbischöfe haben dazu kommentarlos Fragebögen per Post oder eMail verschickt oder 1:1 ins Internet gesetzt. Einige Bischöfe haben den Fragebogen (wie dem Vernehmen nach Bischof Wolfgang Haas aus Liechtenstein) gleich gar nicht weitergegeben, sondern selbst ein dogmatisches und kirchenrechtliches Dossier an das Synodensekretariat, das von Kardinal Lorenzo Baldisseri unter kompetenter Mithilfe des Startheologen Erzbischof Bruno Forte geleitet wird, zurückgeschickt. Andere Ortskirchen haben die offenen Fragen des römischen Vorschlags in geschlossene Fragen umgebaut, diese ins Internet gesetzt und so mehr oder minder differenziert die Meinung möglichst vieler Betroffener erhoben.

Die lebenserfahrenen Expertinnen und Experten

Diese bisher in der katholischen Kirche unübliche Vorgehensweise, breit in die Weltkirche und hier wieder ins Kirchenvolk hineinzufragen, setzt die Überzeugung voraus, dass Gottes Geist in allen Mitgliedern der Kirche (und darüber hinaus) am Werk ist. Und nicht nur in den Amtsträgern der Kirche. Dabei will der Papst offenbar solche geistgewirkten Erfahrungen von Eheleuten, ihrer Kinder und alten Angehörigen kennenlernen und im Dialog[91] mit ihnen die pastorale Handlungsweise weiterentwickeln.

Eine Karikatur zeigt deshalb den Papst, der im »Kirchenschiff« (also unten) sitzt, während ihn das Volk von der Kanzel herab »belehrt«.

Des Papstes wahre Expertinnen und Experten sind also die Leute, nicht allein die versammelten Bischöfe. Letztere interessieren ihn, soweit sie »Hirten sind, die nach der Herde riechen«. Dann nämlich ken-

neuer Führungsstil

Abbildung 22: Volk belehrt Papst von der Kanzel
© Gerhard Mester

91 »Der Dialog entsteht aus einer respektvollen Haltung einer anderen Person gegenüber, aus der Überzeugung, dass der andere etwas Wertvolles zu sagen hat. Voraussetzung dafür ist, im eigenen Herzen Platz zu machen für den Standpunkt, die Meinung und das Angebot des anderen. Ein Dialog schließt eine herzliche Aufnahme ein und keine Vorverurteilung. Für einen Dialog muss man seine Abwehr sinken lassen können, die Türen des Hauses öffnen und menschliche Wärme bieten.« Vallely: Papst Franziskus, 122.

nen sie die alltäglichen Leiden und Freuden des Volkes und können den Betroffenen in der Synode ihre Stimme leihen. Sobald diesen ausreichend zugehört worden ist, kann die Familiensynode beginnen, so ein Cartoon.

Abbildung 23: Die wahren Experten des Papstes
Francis, the comic strip Pat Marrin | Oct. 2, 2014. National Catholic Reporter, © ncronline.org

Rege Beteiligung

Die vom Vatikan gewünschte Umfrage wurde von den Menschen angenommen. In Österreich haben sich 34.000 Menschen an Online-Umfragen beteiligt. Die Daten wurden professionell ausgewertet.[92]

Die fachlichen Dossiers bildeten die Grundlage für Berichte der Bischofskonferenzen in aller Welt an das Synodensekretariat. Dort wurden die vielen Berichte gesichtet. Auf sie gestützt ist eine Zusammenfassung für die außerordentliche Familiensynode im Herbst 2014 erstellt worden.

Außerordentliche Synode

Die breite Wahrnehmung der Lage führte auf der ersten synodalen Zusammenkunft zu regen Debatten. Angestoßen waren diese schon vor der Zusammenkunft durch ein Referat von Walter Kasper vor Kardinälen zu Fragen der Ehe- und Familienpastoral, wobei der Kardinal insbesondere die Frage der Scheidung in einer behutsam differenzierenden Weise ausführlich bedachte. Die Kirche sollte angesichts der kreativen

---

92 In einem Anhang dieses pastoraltheologischen Essays wird über die erhobene Lage der Familie zumal im zentraleuropäischen Bereich ausführlicher berichtet werden.

Spannung zwischen Gerechtigkeit und Barmherzigkeit[93] die Möglichkeit erwägen, im Einzelfall den Zugang von wiederverheirateten Geschiedenen zu erwägen. Der Papst lobte das Referat öffentlich. Die Kritik, die sich anschließend an Kasper formte, galt damit auch dem Papst.
Dieser aber betonte, dass er einen Disput wolle. Denn nur so könnte die
Weltkirche in dieser Frage lernend vorankommen.

Zwischenbericht lässt aufhorchen
Ein Zwischenbericht zur Halbzeit der außerordentlichen Synode sorg-
te für weitere Aufregung. Die Zwischenbilanz war vom ungarischen
Kardinal Péter Erdö vorgetragen worden. Die Medien nahmen eine neue
Offenheit wahr, in Fragen der Geschiedenenpastoral ebenso wie im
Blick auf gleichgeschlechtlich ausgerichtete Personen.

Wichtige Ergebnisse der Beratungen in der außerordentlichen Synode 2014 wurden in ein Resümee gegossen. Über die einzelnen Absätze
wurde abgestimmt. Lediglich zwei Paragraphen erreichten nicht die
Zweidrittelmehrheit. Positionen, die diese Hürde nahmen, sollten in der
folgenden ordentlichen Familiensynode 2015 weiterverfolgt werden.
Just die Absätze über die Geschiedenenpastoral sowie die Homosexuellen verfehlten dieses 2/3-Quorum. Beim Geschiedenenthema fehlten
von den 183 abgegebenen Stimmen 18, beim Homosexuellen-Absatz
vier Voten. Der Papst verfügte, dass alle Absätze samt Abstimmungs-
verhältnissen dem Schlussbericht der außerordentlichen Synode eingefügt bleiben.

Neuer Leitfaden für 2015
Nach der Synode ersuchte der Vatikan die Ortsbischöfe, an Hand dieser
Ergebnisse auf möglichst vielen Ebenen[94] weiterzuberaten. Für diese
Arbeit wurde den Ortsbischöfen als Leitfaden (»Lineamenta«) nicht nur
das Ergebnis der außerordentlichen Synode übermittelt, sondern dieses
wurde durch 46 Fragen konkretisiert, die wiederum durch Zitate aus

---

93   Kasper, Walter: Barmherzigkeit. Grundbegriff des Evangeliums – Schlüssel christli-
      chen Lebens, Freiburg i. Br., Wien u. a. 2012.
94   »Die Bischofskonferenzen sind aufgefordert, dafür die entsprechenden Vorkehrungen
      zu treffen und zu diesem Zweck alle Gliederungen ihrer Teilkirchen sowie akademische
      Institutionen, Organisationen, gewählte Laiengruppen und andere kirchliche Einrich-
      tungen einzubeziehen.« (LIN 2015, Vorwort)

Evangelii gaudium angereichert wurden. Der Vatikan bat die Bischöfe, auf der Basis des Zweiten Vatikanischen Konzils und des Lehramts von Papst Franziskus zu beraten und dabei nicht in eine praxisferne Dogmatik abzudriften, sondern den Blick auf die jeweilige pastorale Realität zu bewahren:

> Die Fragen, die im Folgenden unter ausdrücklicher Bezugnahme auf die Aspekte des ersten Teils der Relatio Synodi vorgelegt werden, sollen den gebotenen Realismus bei den Überlegungen der einzelnen Bischofskonferenzen erleichtern. Sie sollen vermeiden, dass die Antworten von vorgegebenen Mustern und Perspektiven geleitet werden, die die Lehre unbesehen in die Pastoral umsetzen, also mit den Ergebnissen der Außerordentlichen Synodalen Versammlung nicht im Einklang stehen und vom bereits vorgegebenen Weg abweichen würden. (LIN 2015, I. Teil)

In diesen Lineamenta kommen alle kontrovers diskutierten Fragen vor. Manche befürchteten nach dem Abschluss der außerordentlichen Synode, auf der und um die herum es ungewohnt heftige Dispute gegeben hatte, die öffentlich ausgetragen worden waren, dass der Papst mit seinem Anliegen scheitern könnte, die Geschiedenenpastoral weiterzuentwickeln. Aber der neue Fragenkatalog macht deutlich, dass Papst Franziskus weiterhin mit fester Hand seinen Reformkurs steuert.

Kardinal Walter Kasper sandte mir zwei Tage nach Ende der ao. Synode eine eMail. Er bedankte sich für Materialien, die ich ihm zum Reformationsjubiläum 2017 geschickt hatte. Dann fügte er wörtlich an: »Die Synode ist zwiespältig ausgegangen, aber doch viel besser, als man sich vor zwei Jahren hätte träumen können. Wichtig ist, dass die Diskussion weitergeht. Ihnen herzliche Grüße von Rom nach Wien, Ihr Walter Kasper.«

Anstehende Schlüsselthemen

Schon in den bisherigen Diskussionen sind ein paar neuralgische Teilthemen offenbar geworden. Der neue Fragenkatalog für die ordentliche Familiensynode 2015 spricht diese insbesondere im dritten Fragen-Teil an, der mit »wounded families« (verwundete Familien) überschrieben ist. Dabei kann offen bleiben, ob nicht alle Familien, alle liebenden Paare immer auch verwundete Paare sind und der Heilung bedürfen. Manche freilich sind so sehr verwundet, dass die Liebe und mit ihr die Ehe stirbt. Sie sollen im Folgenden pastoraltheologisch erwogen werden.

Barmherzigkeit

»Die verwundeten Familien heilen (Getrenntlebende, nicht wiederverheiratete Geschiedene, wiederverheiratete Geschiedene, Alleinerziehende) (Nr. 44–54)

Wie in der synodalen Debatte betont, ist als pastorale Linie die Kunst der Begleitung notwendig: ›Wir müssen unserem Wandel den heilsamen Rhythmus der Zuwendung geben, mit einem achtungsvollen Blick voll des Mitleids, der aber zugleich heilt, befreit und zum Reifen im christlichen Leben ermuntert‹. (Evangelii Gaudium, 169)

* Ist die christliche Gemeinschaft dazu bereit, sich um verwundete Familien zu kümmern und sie die Barmherzigkeit Gottes erfahren zu lassen? Wie kann sie sich um die Überwindung der sozialen und wirtschaftlichen Faktoren bemühen, die diese Ehen oft prägen? Welche Schritte wurden für die Ausweitung dieses Handelns und für ein unterstützendes missionarisches Bewusstsein schon gegangen und welche sind noch zu gehen?

* Wie lässt sich die Bestimmung von pastoralen Leitlinien auf der Ebene der Teilkirchen gemeinsam fördern? Wie lassen sie sich im Blick auf den Dialog zwischen den verschiedenen Teilkirchen ›cum Petro und sub Petro‹ weiterentwickeln?

* Wie kann man die Nichtigkeitsverfahren zugänglicher und beweglicher, möglicherweise unentgeltlich gestalten?

* Erlauben es die aktuellen Normen, gültige Antworten auf die Herausforderungen zu geben, vor die uns Mischehen, insbesondere die interkonfessionellen Ehen, stellen? Sind andere Elemente zu berücksichtigen?« (LIN 2015)

Das Erbarmen des Vaters (Lk 15)

Das Erbarmen des Vaters steht im Mittelpunkt des Fragens. Und das mit Blick auf die »verwundeten Familien«[95]. Das Erbarmen des Vaters ist ein

---

95 Die Gruppe, um die es geht, wurde zunächst völlig negativ bewertet. Sie galten als öffentliche Sünder. Papst Johannes Paul II. milderte den Begriff ab und sprach von »irregulären Situationen«. Aber immer noch ist der Begriff regel- und moralbezogen. Jetzt bleibt Papst Franziskus konsequent auf seiner pastoralen Linie und spricht von Men-

Ernstfall der Option des Papstes für Barmherzigkeit, die er schon im Wappen trägt und um die er unentwegt wirbt. Er möchte sie als Leitlinie der Pastoral in der katholischen Kirche haben. Das nicht zuletzt, weil es Jesu zentrales Anliegen war. Deshalb steht im Lukasevangelium als »Evangelium im Evangelium« (Jacob Krämer) die Erzählung vom Erbarmen des Vaters. Mit diesem Gleichnis rechtfertigt Jesus sein eigenes Handeln vor den religiösen Führern seines Volks, die – wie der Daheimgebliebene – sein Tun nicht verstehen wollen. Sie können es in ihrer dogmatischen Selbstgerechtigkeit nicht verstehen, dass Gottes Zuneigung dem Menschen »vor jeder Leistung und in aller Schuld« gilt (Klaus Kliesch). Es ist eine Liebe, die kein Mensch sich verdienen, die aber auch keiner verlieren kann, weil Gott sich treu bleibt (2 Tim 2,13).

Auf die Barmherzigkeit als Grundton aller Pastoral kam der Papst auch in seiner Schlussansprache nach der außerordentlichen Familiensynode 2014 zu sprechen:

»Das ist die Kirche, der Weinberg des Herrn, die fruchtbare Mutter und aufmerksame Lehrerin, die keine Angst hat, die Ärmel hochzukrempeln, um Öl und Wein auf die Wunden der Menschen zu gießen (vgl. Lk 10,25–37), und die Menschheit nicht aus einer Burg aus Glas beobachtet, um die Menschen zu beurteilen und zu kategorisieren. Das ist die eine, heilige, katholische, apostolische und aus Sündern bestehende Kirche, die seine Barmherzigkeit brauchen. Das ist die Kirche, die wahre Braut Christi, die ihrem Bräutigam und seiner Lehre treu sein will. Das ist die Kirche, die keine Angst hat, mit den Prostituierten und Sündern zu essen und zu trinken (vgl. Lk 15). Die Kirche, deren Türen weit offen sind, um die Bedürftigen, die Reumütigen und nicht nur die Gerechten oder diejenigen, die sich für vollkommen halten, aufzunehmen! Die Kirche, die sich des gefallenen Bruders nicht schämt und die nicht so tut, als würde sie ihn nicht sehen, sondern die sich vielmehr betroffen und gleichsam verpflichtet fühlt, ihm aufzuhelfen und ihn zur Fortsetzung des Wegs zu ermutigen, und die ihn zur endgültigen Begegnung mit ihrem Bräutigam im himmlischen Jerusalem begleitet.«[96]

schen mit Wunden. Diese brauchen nicht den Richter, nicht den Belehrer, nicht den Moralisten, sondern den Arzt – eben den Heiland im Heil-Land Kirche.

96   Ansprache von Papst Franziskus zum Abschluss der Dritten Außerordentlichen Vollversammlung der Bischofssynode am 18. 10. 2014.

Aber wie verhält sich diese Barmherzigkeit Gottes zu seiner Gerechtigkeit? Bestraft nicht Gott die bösen Werke eines Menschen und belohnt die guten? Hat die Kirche nicht Gottes Gerechtigkeit und Gericht zu verteidigen? Ein Papstkritiker formulierte so: »Besteht nicht die Gefahr, mit der ›neuen pastoralen Barmherzigkeit‹ ein Trojanisches Pferd in die Kirche einzuführen, das die auf den Geboten Gottes gegründete Moral durch eine Schilfrohrmoral ersetzen sollte, vom Zeitgeist hin und hergeworfen, die eigentlich nur noch eines zu sagen hat: ›Jeder kann tun und lassen, was er will, und das mit dem Segen der Kirche.‹«[97]

Barmherzigkeit erscheint hier als Weichwerden der Kirche vor dem liberalen, wenn nicht gar libertinistischen Zeitgeist. Die hehre Tugend wandelt sich unversehens zur Anleitung eines »anything goes« moralischer Beliebigkeit. Aber kann man Gott solches »Weichwerden« wirklich vorwerfen, von dessen Barmherzigkeit Jesus so überzeugt war, dass er lieber in den Tod ging, als Gottes unumstößliches Erbarmen zu verraten?

Feudale Herablassung

Immerhin kann dieser »rechten« Kritik entnommen werden, dass die Rede von der Barmherzigkeit der Kirche durchaus missverstanden werden kann. Das geschieht auch, wenn die Barmherzigkeit »feudal« und herablassend konzipiert und praktiziert wird. Dieses Gefühl kommt auf, wenn gefordert wird, die Kirche solle doch gnädig sein, im Einzelfall von ihren Prinzipien und Dogmen absehen und ausnahmsweise »ein Auge zudrücken«: also großzügig vergeben, obgleich sie gar nicht müsste. »Zustehen« würde nämlich eine solche Vergebung niemandem. Es gebe kein »Recht auf Barmherzigkeit«. Aber gibt es das wirklich nicht?

Praktisch hieße dies, dass die Kirche bei ihrer moralischen Verurteilung bleibt. Sie werde lediglich ein wenig »höflicher«, wie ein Karikaturist es treffsicher gezeichnet hat.

Viel zu wenig wird also die Frage ausgelotet, wie sich die paradoxen Pole »Recht und Gerechtigkeit« (u. a. Ijob 37,23; Ps 33,5; 89,15)[98] auf der einen und »Barmherzigkeit« auf der anderen Seite zueinander verhalten.

---

97   Frey, Stefan: Keine Kapitulation vor dem Zeitgeist, in: Die Presse vom 28. 10. 2014. Der vollständige Text steht etwas weiter unten.

98   Gnade, Recht und Gerechtigkeit (Jer 9,23); Er hat nach Recht und Gerechtigkeit gehandelt, darum wird er gewiss am Leben bleiben (Ez 33,16).

Und das in erster Linie in Gott selbst: Gott, dessen Innerstes Erbarmen ist, übt (auf dieser Grundlage) Recht und Gerechtigkeit. In seinem Erbarmen wird Gott dem Menschen »gerecht«. Wie handelt dann die Kirche Gottes, die nichts anderes macht, als dessen Handeln sinnenhaft in ihrer Gemeinschaft öffentlich sichtbar und erfahrbar zu machen?[99]

Gerechtigkeit und Erbarmen

Es ist hier nicht der Platz, dieses Verhältnis vertiefend zu bestimmen. Nur ein Vorschlag soll gemacht werden. Es kann geschehen, wie in der Antike gelehrt wurde und worauf sich auch Papst Benedikt in »Deus caritas est« bezieht, dass das Recht – auf die Spitze getrieben – ins Unrecht kippen kann. »Summum ius summa iniuria« lautet das Axiom. Könnte es dann nicht sein, dass die Barmherzigkeit, in deren Raum sich Recht ereignet, dieses daran hindert – auf die Spitze getrieben – ins Unrecht zu kippen? Dann wären Recht/Gerechtigkeit und Erbarmen innerlich verwoben, aufeinander angewiesen und bei aller Paradoxie keine unvereinbaren Wirklichkeiten mehr. Das Recht selbst würde dann verlangen, durch die Praxis des Erbarmens vor dem Kippen ins Unrecht geschützt zu werden.

Wenn also beispielsweise die Ehe einer kirchlichen Angestellten zu Ende ging – egal ob aus Schuld oder Tragik, wobei es immer ein unentflechtbares Gemenge von beidem ist –, dann würde die Kirche weiteren Schaden verursachen, wenn sie dieser Person (und ihren Kindern und Alten) auch noch den kirchlichen Arbeitsplatz entzieht. Diese Person hat dann das Recht, dass ihr kein weiterer Schaden hinzugefügt wird und in diesem Sinn ein Recht auf Erbarmen. Der Kirche ist es dann »rechtlich« verwehrt, ihr »im Namen des auf die Spitze getriebenen Rechts« solches anzutun. Die Kirche würde unrecht handeln. Und es bleibt Unrecht auch dann, wenn dies im Kleid des Tendenzschutzes daherkommt. Denn die Kirche hat zu heilen, nicht weitere Wunden zu schlagen:

»Wie in der synodalen Debatte betont, ist als pastorale Linie die Kunst der Begleitung notwendig: ›Wir müssen unserem Wandel den heilsamen

---

99 Zulehner, Paul M.: Gott ist größer als unser Herz (1 Joh 3,20). Eine Pastoral des Erbarmens, Ostfildern 2006.

Rhythmus der Zuwendung geben, mit einem achtungsvollen Blick voll des Mitleids, der aber zugleich heilt, befreit und zum Reifen im christlichen Leben ermuntert.«« (EG 169)

Gradualität

»Nachdem die auf der Synode versammelten Hirten die Schönheit der gelungenen Ehen und der stabilen Familien betrachtet haben und nachdem sie das großzügige Zeugnis derjenigen gewürdigt haben, die am Eheband festhielten, auch wenn sie von ihren Ehepartnern verlassen wurden, haben sie sich die Frage gestellt – offen und mutig, nicht ohne Zurückhaltung und Vorsicht –, in welcher Weise die katholische Kirche sich den Katholiken zuwenden muss, die nur im Band einer Zivilehe vereint sind, denjenigen, die noch zusammenleben, und denjenigen, die nach einer gültigen Ehe geschieden und zivilrechtlich wiederverheiratet sind.« (LIN 2015, 23)

Hier kommt ein zweites theologisch gewichtiges Thema zum Vorschein: Wie soll die Kirche bloß standesamtliche Ehen ohne kirchliche Trauung oder standesamtliche Ehen von Geschiedenen theologisch einschätzen?

Kardinal Óscar Andrés Rodríguez Maradiaga aus Honduras, einer der wichtigsten Berater des Papstes, soll im Kölnradio gefragt worden sein, warum Kardinal Gerhard Ludwig Müller gegen eine neue pastorale Praxis mit Blick auf Geschiedene, die wieder geheiratet haben, Widerstand leiste. Maradiaga soll, frei zitiert, gesagt haben: »Müller ist halt ein deutscher Professor. Der sieht nur schwarz oder weiß. Die Wirklichkeit ist aber bunt.« Das belegt auch der Titel eines Buches des deutschen Starpsychologen Wolfgang Schmidbauer: »Alles oder nichts. Über die Destruktivität von Idealen.«[100]

Nicht wenige unter den Synodalen sympathisierten mit dem »Konzept« der Gradualität. Gemeint ist damit, dass das Leben ein Weg des Reifens ist. »Stufen des Lebens«, so dichtete Hermann Hesse. Die Vertreter der Gradualitätslehre stützen sich auf das Zweite Vatikanische Konzil. Dieses lehrte, dass man in gestufter (»gradueller«) Weise »der Kirche« zugehören kann. Dazu kommt, dass auch jene, die aus gleich

---

100 Schmidbauer, Wolfgang: Alles oder nichts. Über die Destruktivität von Idealen, Reinbek bei Hamburg 1980.

welchem Grund nicht an Gott glauben (können), durchaus auf dem Weg des Heils sein können. Denn wo immer es Wahres und Gutes (LG 18), wo es in den Werken der Barmherzigkeit gelebte Liebe gibt (Mt 25), ist Gott mit seinem Geist rettend am Werk. Auch wenn daher Liebende nicht schon die Vollform der sakramentalen Ebene leben, in der Liebe des Paares kann etwas von jener »res« (Liebe) vorhanden sein, ohne die es kein Sakrament geben kann. Das Kernanliegen einer begleitenden Pastoral von Liebespaaren besteht dann vorrangig darin, das Reifen in der Liebe zu unterstützen und behilflich zu sein, dass nicht Ängste dieses Reifen behindern und stören. Denn es ist häufig Angst, die uns unfähig macht, zu lieben. Angst entsolidarisiert – auch im politischen Bereich. Angst macht böse, so eine Kernannahme einer therapeutisch konzipierten Seelsorge.

Reift die Liebe, dann kann jener Zustand heranwachsen, in den der Kämmerer der Kandake bei seiner Begegnung mit Philippus hineingereift war und diesen fragen ließ: »Was steht meiner Taufe noch im Weg?« (Apg 8,36) Das Verhältnis von personaler Liebe und dem Sakrament ist somit sehr komplex. Es kann durchaus sein, dass jemand, der sakramental nicht verheiratet ist oder auch (derzeit) kirchenrechtlich nicht heiraten kann, auf den Stufen der Liebe weiter ist als jemand, der in guten Tagen leichtfüßig geheiratet hat.

»Gradualität« setzt voraus, dass die Kirche den kulturellen Wandel der Ehe von der Institution zur Person wahrnimmt. Bei der Institution gibt es nur das Entweder-Oder. Im personalen Bereich aber sind wir immer unterwegs, gibt es Fortschritt und Rückschritt, Stagnation und Entwicklung, Gelingen und Scheitern.

In analoger Weise gilt dieses Prinzip des Wachsens auch für das Erkennen der geoffenbarten Wahrheit: »Die religiöse Wahrheit verändert sich nicht, sie entwickelt sich jedoch und wächst allmählich. Wie beim menschlichen Organismus, vom Baby bis zum alten Menschen, ist es ein und derselbe, doch dazwischen liegt ein ganzer Weg. Auf diese Weise erklärt sich, wieso etwas früher als natürlich angesehen wurde und heute nicht mehr.«[101]

Woran macht aber dann die Kirche ihre Bewertung von »Ehen« fest, ob kirchlich oder standesamtlich? Diese Frage wird dringlich, wenn an

---

101 Vallely: Papst Franziskus, 143.

solche Bewertung weitere Konsequenzen geknüpft sind. Gar einfach haben es jene, die nur auf das institutionell Wahrnehmbare setzen: auf die Heirat, auf den Bestand des kirchlichen Ehebandes. Was aber, wenn in Heilsbelangen letztlich die Liebe zählt?

Das Prinzip der Gradualität hat freilich einen Schatten. Es kann in die Falle des Formalismus stürzen, insofern die sakramental geschlossene Ehe als »Vollform« gilt. Es kann auch leicht übersehen werden, dass die »res« in der »Vollform« ein Leben lang auf dem Weg des Reifens und der Heilung ist, sodass letztlich niemand die Vollform erreicht und alle auf dem Weg des stufenweisen Reifens sind.

Sakramente

Solches Fragen geht unmittelbar über in die Sakramententheologie. Was bedeuten diese im gläubigen Leben der Kirchenmitglieder und der kirchlichen Gemeinschaft?

Wer institutionell denkt, setzt klare Kriterien: Jemand muss getauft sein, die kirchlich geschlossene Ehe ist intakt. Es darf keine schwere Schuld vorliegen. Nur wenn die Kriterien erfüllt sind, ist jemand zum Empfang der Sakramente zugelassen.

Was aber, wenn das eine oder andere Kriterium nicht erfüllt oder gar unerfüllbar ist? Das sind praktische Beispiele, die in der Weltkirche da und dort vorkommen: Ein Pfarrer verweigert die Kommunion Liebespaaren, die – durchaus auf dem Weg zu einer späteren Heirat – zusammenleben. Unehelichen Kindern wird in manchen Regionen die Taufe verweigert – weshalb Papst Franziskus solche demonstrativ im Petersdom tauft. Geschiedene, die in einer standesamtlich getrauten neuerlichen Beziehung leben, können nicht zur Kommunion gehen – auch dann nicht, wenn das Scheitern der ersten Ehe bereut wurde, aller angerichteter Schaden so gut es ging behoben ist, wenn in der zweiten Beziehung Verpflichtungen gegenüber Kindern, Eltern und vor allem dem neuen Partner gegenüber gewachsen sind. Vielfach ist das Leben stets nur eine fragmentarische Annäherung an das durchaus geschützte und ersehnte Ideal. Nicht wenige leiden darunter, dass sie, wie sie selbst sagen, »gescheitert« sind, und haben einen neuen Anfang gewagt.

Mag sein, dass Gott ihnen vergeben hat. Die Kirche aber kann ihnen nicht vergeben, weil ihre »Zweitehe« ein dauerhafter, »objektiv sündiger« Zustand ist. Manche können diesen sündigen Zustand auch nicht beheben. Denn oftmals erwachsen in einer zweiten Beziehung Verpflichtungen dem Partner oder Kindern und Alten gegenüber. Solche Personen werden auch dann schuldig, wenn sie weggehen. Sie sollten sich in der neuen familiären Schicksalsgemeinschaft der Akte enthalten, die Eheleuten vorbehalten sind, so riet Papst Johannes Paul II. (FC 84). Therapeuten halten diese Anweisung aber eher für »weltfremd«, nur ein Unbetroffener könne sie ausdenken.

Papst Franziskus meint einen Weg darin zu sehen, dass Sakramente nicht für jene da sind, denen das Leben gelingt und die in diesem Sinn »gesund« sind. Er sieht in den Sakramenten mit einigen Kirchenvätern ein Heilmittel für die Verwundeten – also auch für die »verwundeten Familien«. Ausdrücklich schreibt er, dass die Eucharistie »nicht eine Belohnung für die Vollkommenen, sondern ein großzügiges Heilmittel und eine Nahrung für die Schwachen« ist.[102] Das Bußsakrament wiederum ist keine »Folterkammer«, sondern dient der Heilung von Wunden des Lebens.

Manche Betroffene erzählen mit spiritueller Klarheit, dass sie tief innerlich »wissen«, dass Gott ihnen vergeben hat. Solche Personen leiden an der Nichtzulassung. Sie bekommen dann von offizieller Seite den Rat, zur geistlichen Kommunion zu gehen. Papst Franziskus stellte dazu die Frage:

»Sagen Sie mir: Braucht man die Gnade Gottes nicht, um die geistliche Kommunion zu empfangen?«[103]

Wenn aber die Gnade der Vergebung geschenkt ist, kann auch der Zugang zu den Sakramenten nicht verwehrt werden. Macht das die Kirche nicht, erübrigt sie sich letztlich.

Lernen in der Bibel zusammen mit der Orthodoxie
Schon geraume Zeit wird in der Diskussion um die Pastoral im Umkreis von Scheidung gewünscht, mit der ostkirchlichen Tradition in einen fruchtbaren Dialog einzutreten. Die katholische Kirche soll von den Orthodoxen lernen. Vielleicht sollte die exakte Formel dafür aber lauten:

102 EG 51.
103 KP 7./8. 12. 2014 (Interview mit der Argentinischen Zeitung La Nacion).

»Mit den Orthodoxen von der biblischen Tradition lernen«. Die Lineamenta für die Herbstsynode 2015 sehen einen solchen Dialog ausdrücklich vor:

> »Die Sakramentspastoral für die wiederverheirateten Geschiedenen bedarf weiterer Prüfung, einschließlich der Bewertung der orthodoxen Praxis und unter Berücksichtigung ›der Unterscheidung zwischen einem objektiven Zustand der Sünde und mildernden Umständen‹ (Nr. 52). In welche Richtung sollte man hinschauen? Was sind die möglichen Schritte? Welche Vorschläge gibt es, um Formen von nicht geschuldeten oder unnötigen Behinderungen zu beheben?« (LIN 2015, 44 f.)

Der Ökumenische Patriarch Bartholomaios I. hatte an der Juridischen Fakultät das Ehrendoktorat der Universität Wien erhalten. Bei seiner Dankesrede erläuterte er die orthodoxe Praxis hinsichtlich Scheidung und Wiederheirat. Seine Ausführungen machen deutlich, dass sich die orthodoxe Praxis ausdrücklich auf die Bibel stützt und keinen Verrat an den Weisungen Jesu darstellt. Das hat im Übrigen die katholische Kirche immer anerkannt.[104] Seine aufschlussreiche Rede ist am Ende des Buches dokumentiert.

Frauen-Gender

Während der Familiensynode schickte ich meinem Erzbischof Kardinal Christoph Schönborn ein dringliches SMS. Ich bat ihn zu erreichen, dass in den künftigen Dokumenten der Familiensynode nicht mehr undifferenziert und verächtlich von einer verwerflichen »gender-ideology« gesprochen werde.

Im Zwischenbericht der außerordentlichen Synode war dies geschehen: Dort forderte Kardinal Péter Erdö, »dass internationale Einrichtungen finanzielle Hilfe nicht von der Einführung von Regelungen

---

104 Auf dem Konzil von Trient wurde der Entwurf zum Dokument über die Ehe so abgefasst, dass er nicht eine indirekte Verurteilung der Orthodoxen Kirche enthält. Jene Kreise in der Katholischen Kirche, die gegen das Erlernen einer neuen Geschiedenenpastoral mit Blick auf die Erfahrungen der Orthodoxie sich aussprechen und dabei von einem Verrat an der Weisung Jesu sprechen, verurteilen damit auch die Orthodoxen Kirchen.

abhängig machen dürften, die von der *Gender-Ideologie* inspiriert sind«.[105]

Ich machte den Herrn Kardinal darauf aufmerksam, dass solche undifferenzierte verurteilende Redeweise viele sehr gläubige und hoch engagierte Frauen in der Kirche – auch in den Frauenorden – vor den Kopf stieße. »Gender« habe für sie damit zu tun, dass geschichtlich gewachsene Bilder von Mann und Frau zu himmelschreiendem Unrecht gegenüber Frauen geführt haben. Papst Johannes XXIII. hatte schon 1963 in »Pacem in terris« unter den »Zeichen der Zeit« die Frauen genannt. Er sah unsere Gegenwart durch drei Merkmale gekennzeichnet: erstens durch den wirtschaftlich-sozialen Aufstieg der Arbeiterklasse, drittens durch den Anspruch der Völker auf Freiheit sowie: »An zweiter Stelle steht die allgemein bekannte Tatsache, dass die Frau am öffentlichen Leben teilnimmt, was vielleicht rascher geschieht bei den christlichen Völkern und langsamer, aber in aller Breite, bei den Völkern, welche als Erben anderer Überlieferungen auch andere Lebensformen und Sitten haben. Die Frau, die sich ihrer Menschenwürde heutzutage immer mehr bewusst wird, ist weit davon entfernt, sich als seelenlose Sache oder als bloßes Werkzeug einschätzen zu lassen; sie nimmt vielmehr sowohl im häuslichen Leben wie im Staat jene Rechte und Pflichten in Anspruch, die der Würde der menschlichen Person entsprechen.«[106]

Der Kardinal hatte sich umgehend mit einem Antwort-SMS aus Rom bedankt. Ob mein SMS Wirkung gezeigt hat? Immerhin kommt in den Lineamenta 2015 dieser Ausdruck »gender-ideology« nicht mehr vor.

Undifferenziert erscheinen auch vatikanische Aussagen ganz allgemein gegenüber den »Feminismus«.[107] Das zeigte sich beispielsweise, als der Vatikan noch unter Benedikt XVI. eine Visitation der Ordensfrauen in den USA eingeleitet hatte. Einer der Hauptvorwürfe waren »feministische Tendenzen«.

Und Papst Franziskus? Er kommt aus einer Kultur, in der Machismo nach wie vor ein Übel darstellt. Zudem steht er in einer katholischen

---

105   »... that international bodies make financial aid dependent on the introduction of regulations inspired by gender ideology.« Erdö, Kardinal Peter: Zwischenbericht, 51.
106   Johannes XXIII.: Pacem in terris, Rom 1963, 22.
107   Anic, Rebeka Jadranka: Gender, Politics and the Catholic Church, in: Concilium 48 (2012) 29–41. – Auch in: Adamiak, Elżbieata/Wacker, Marie-Theres (Hg.): Feministische Theologie in Europa – mehr als ein halbes Leben. Ein Lesebuch für Hedwig Meyer-Wilmes, Berlin 2013, 64–79.

Tradition, nach der die Beteiligung von Frauen selbstverständlich erwartet wird, der Zugang zu Entscheidungsstellen und zu ordinierten Ämtern aber nicht möglich ist.

Es gibt aber kleine Anzeichen einer Kursänderung. Der Konflikt mit der LCWR (Leadership Conference of Women Religious) hat unter Papst Franziskus ein friedvolles Ende genommen.[108] Das in seiner Amtszeit veröffentliche Dokument schätzt das starke soziale Engagement der Ordensfrauen. Die Kirche könnte gut von den engagierten Ordensfrauen lernen. Der Feminismusvorwurf wird nicht mehr erhoben.

Schon während des Konflikts, der vor allem zwischen den Ordensfrauen und der Glaubenskongregation bestand, hatte der Papst die Ordensleute in Schutz genommen:

>Ihr werdet Fehler machen, ihr werdet anderen auf die Füße treten. Das passiert. Vielleicht wird sogar ein Brief der Glaubenskongregation bei euch eintreffen, in dem es heißt, dass Ihr dies oder jenes gesagt hättet ... Macht Euch darüber keine Sorgen. Erklärt, wo Ihr meint erklären zu müssen, aber macht weiter ... Macht die Türen auf. Tut dort etwas, wo das Leben danach ruft. Mir ist eine Kirche lieber, die etwas falsch macht, weil sie überhaupt etwas tut, als eine Kirche, die krank wird, weil sie sich nur um sich selbst dreht.«[109]

Zudem hält Papst Franziskus den Raum, den derzeit Frauen in der Kirche haben, für zu eng: Im Interview mit den Jesuitenzeitschriften betonte er: »Die Räume für eine wirkungsvollere weibliche Präsenz in der Kirche müssen weiter werden.«

Das heißt zum Beispiel: Wenn es künftig eine neu gestaltete Vatikanische Behörde für die Familie geben wird, kann sich Papst Franziskus (mit seiner K9-Beratergruppe) durchaus vorstellen, dass ein Ehepaar oder auch eine Frau die Leitung übernimmt. Es brauche dann keinen Kardinal für den Vorsitz mehr.[110] Insgesamt aber geht nicht wenigen die Entwicklung des Frauenthemas unter Franziskus zu langsam.[111]

---

108 Dazu mehr in: Vallely: Papst Franziskus, 194.

109 Aus einem Gespräch mit der Leitung des Verbandes aller Frauen- und Männerorden in Lateinamerika und der Karibik am 6.6.2013.

110 Vallely: Papst Franziskus, 211.

111 »We can name many points of disagreement with Francis: He is consistently tone-deaf in the way he speaks about women. We do not believe he clearly understands the powerful contribution women are already making to church life, and we believe he is

Und die Frauenordination? Papst Franziskus hat vermutlich so viele reformerische Baustellen, dass er nicht alle gleichzeitig angehen kann. Zudem sammeln sich bei jedem Thema Gruppen, die Widerstand leisten. Je mehr Themen, umso größer der erwartbare Gegenwind.

Das Anliegen der Ordination von Frauen wäre ein geborenes Subthema einer kommenden Priestersynode. Dem Vernehmen nach erbittet da und dort der Papst von Bischöfen bereits Vorschläge für eine solche Folgesynode. Auch die Brasilianische Bischofskonferenz soll sich kürzlich mit dem Thema befasst haben. Doch habe sie dann die Diskussionen darüber bis zum Abschluss der Familiensynode zurückgestellt: aus Arbeitsüberlastung? Oder um die Opposition nicht noch mehr anzustacheln? »Es scheint besser zu sein, die Runde Eins, also die Oktobersynode abzuwarten«, so die kluge Analyse von Bischof Fitz Lobinger[112], der sich schon Jahre lang für Alternativen zur derzeitigen Gestalt des katholischen Priesteramtes eingesetzt hat.[113]

Manche Frauen, die standhaft optimistisch sind, registrieren immerhin hinsichtlich der Frauenordination bei Franziskus einen Bilderwechsel. Papst Johannes Paul II. hatte in seinem Schreiben »Ordinatio sacerdotalis« im Jahre 1994 selbst die Diskussion über das Thema untersagt. Er wollte eine undurchlässige und unüberwindliche Mauer errichten. Wenn Papst Franziskus auf diese Frage angesprochen wird, verwendet er das Bild von der »Tür, die verschlossen ist«. Eine solche kann aber auch eines Tages geöffnet werden. Vielleicht ist es lediglich eine Frage der Zeit, bis auf das »nie und nimmer« von Johannes Paul II. folgender Satz folgt: »Es ist auf dem Boden des Evangeliums eine Bereicherung für das ordinierte Amt in der katholischen Kirche, wenn auch Frauen ordiniert werden.«

Als Erzbischof von Buenos Aires hielt Bergoglio intensiven Kontakt zu einem verheirateten Weihbischof. Er begleitete diesen auf dem Ster-

mistaken not to appoint more women to leadership positions in church administration. His remarks to the November symposium at the Vatican, ›An International Interreligious Colloquium on the Complementarity of Man and Woman,‹ suggest he and the church hierarchy need an updated theology and science on human sexuality. Despite these objections, we also find a growing list of accomplishments.« NCR 30.12.2014.

112 Email vom 17.12.2014.
113 Lobinger, Fritz: Teams of elders. Moving beyond Viri Probati, Quezon City 2007. – Ders.: Wie Gemeinden Priester finden. Ein Weg aus dem Pfarrermangel, Graz, Wien 1998. – Zulehner, Paul M./Lobinger, Fritz/Neuner, Peter: Leutepriester in lebendigen Gemeinden. Ein Plädoyer für gemeindliche Presbyterien, Ostfildern 2003.

bebett und telefoniert mit dessen Witwe bis heute eher häufig. »Er brachte unserer Ehe und mir sowie Frauen im Allgemeinen großen Respekt entgegen. Ich sagte zu ihm: ›Das Zölibat ist eine Regel, die geändert werden muss. Es ist eine Regel, die von Männern aufgestellt wurde, und nicht von Jesus.‹ Und er entgegnete: ›Es ist eine kulturelle Frage; gut möglich, dass irgendwann einmal einer Änderung zugestimmt wird.‹«[114]

Homosexualität

Studiert man die Karikaturen aus dem angelsächsischen Raum, dann kreisen diese um zwei Megathemen: die Kapitalismuskritik des Papstes und wie dieser sich zur Homosexualität äußert.

Seine Position zur Homosexualität hat Papst Franziskus schon als Erzbischof in Buenos Aires formuliert. »Ungeachtet der scharfen öffentlichen Kritik, mit der Kirchenoffizielle seit Monaten auf die Pläne der Regierung zur Legalisierung der gleichgeschlechtlichen Ehe reagiert hatten, äußerte er im privaten Rahmen, dass ›Homosexuelle gesetzlich anerkannte Rechte bekommen müssen, die auch eingetragene Partnerschaften umfassen, aber nicht die gleichgeschlechtliche Ehe‹. Innerhalb der Kirche kam es zu politischen Auseinandersetzungen um Bergoglios Standpunkt..., doch auch in dieser Angelegenheit behielt für ihn die pastorale Sorge um die Menschen die Oberhand über das dogmatische Prinzip.«

Zum geflügelten Wort, auf vielfältige Situation anwendbar, wurde die Antwort des Papstes auf die Frage eines Journalisten bei der Pressekonferenz beim Heimflug vom Weltjugendtag in Rio de Janeiro, was er zur Homosexualität sage. »Wer bin ich schon, dass ich richte?«

Mutige Diskussionen

Die außerordentliche Familiensynode konnte am Thema Homosexualität nicht vorbeigehen. In zu vielen zusammenfassenden Berichten von Bischofskonferenzen war davon die Rede. Homosexuelle wollen heiraten; kirchlich getraut werden; Kinder adoptieren – und zwar nicht nur die mitgebrachten Kindes eines Partners, einer Partnerin; lesbische Paare möchten durch Techniken der Fortpflanzungsmedizin eigene

---

114 Vallely: Papst Franziskus, 125.

Kinder ohne Mann bekommen. Der Glaube eines Menschen ist nicht abhängig von der sexuellen Orientierung. Auch schwule und lesbische Personen wollen, unliiert oder »verheiratet«, ihren ernsthaften Glauben in einer Gemeinde leben. Sie fordern, sich mit ihrer Lebensform öffentlich sehen lassen sowie kirchliche Ehrenämter übernehmen zu können. Alles andere wäre evangeliumswidrige Diskriminierung – immerhin sei es ja ihrem Glauben nach Gott selbst, der sie mit dieser sexuellen Orientierung begabt hat.

In der Erzdiözese Wien war ein »verpartnerter Homosexueller« in den Pfarrgemeinderat gewählt worden. Der Pfarrer lehnte die Ernennung ab. Der Mann appellierte an Erzbischof Kardinal Schönborn. Dieser lud ihn zum Mittagessen ein und überzeugte sich von seiner ernsthaften Gläubigkeit und engagierten Kirchlichkeit – und bestätigte ihn als Pfarrgemeinderat.

Der von Kardinal Péter Erdö vorgetragene Zwischenbericht war von solchen pastoralen Erfahrungen offensichtlich gespeist. Gestützt auf die Diskussion der Synodalen sagte der Kardinal zu »den Homosexuellen, dass sie die christliche Gemeinde bereicherten. Sie seien brüderlich in den Kreis der Gemeinde aufzunehmen. Es stelle eine Herausforderung für die Kirche dar.« Dann wurde allerdings einschränkend betont: »Gleichgeschlechtliche Partnerschaften seien nicht mit der Ehe von Mann und Frau vergleichbar. Die Kirche schenke den Paaren ihre besondere Aufmerksamkeit, vor allem den Kindern, die in gleichgeschlechtlichen Familien aufwüchsen.«[115]

115 http://www.zenit.org/de/articles/relatio-post-disceptationem-gegenseitige-achtung-vertrauen-offener-dialog. Im englischen Text lautet die einschlägige Passage (eine deutsche Übersetzung liegt nicht vor): Welcoming homosexual persons
50. Homosexuals have gifts and qualities to offer to the Christian community: are we capable of welcoming these people, guaranteeing to them a fraternal space in our communities? Often they wish to encounter a Church that offers them a welcoming home. Are our communities capable of providing that, accepting and valuing their sexual orientation, without compromising Catholic doctrine on the family and matrimony?
51. The question of homosexuality leads to a serious reflection on how to elaborate realistic paths of affective growth and human and evangelical maturity integrating the sexual dimension: it appears therefore as an important educative challenge. The Church furthermore affirms that unions between people of the same sex cannot be considered on the same footing as matrimony between man and woman. Nor is it acceptable that pressure be brought to bear on pastors or that international bodies make financial aid dependent on the introduction of regulations inspired by gender ideology.
52. Without denying the moral problems connected to homosexual unions it has to be noted that there are cases in which mutual aid to the point of sacrifice constitutes a

Abbildung 24: *Keine Kinder in gleichgeschlechtlichen Partnerschaften –*
gleichgeschlechtliche Partnerschaft unter Klerikern
© Swen (Silvan Wegmann).

Vor und auch nach der außerordentlichen Familiensynode hat sich
Bischof Johan Bonny von Antwerpen, ermutigt durch die offenen Worte
von Papst Franziskus, noch weitergehend zur Bewertung der Homosexualität, näherhin von Lebensgemeinschaften unter gleichgeschlechtlich Liebenden durch die katholische Kirche geäußert: »There should be
recognition of a diversity of forms. We have to look inside the church for
a formal recognition of the kind of interpersonal relationship that is also
present in many gay couples. Just as there are a variety of legal frame-
works for partners in civil society, one must arrive at a diversity of forms
in the church. (…) The intrinsic values are more important to me than
the institutional question. The Christian ethic is based on lasting relati-
onships where exclusivity, loyalty, and care are central to each other.«[116]

precious support in the life of the partners. Furthermore, the Church pays special atten-
tion to the children who live with couples of the same sex, emphasizing that the needs
and rights of the little ones must always be given priority.

116 De Morgen, 27.12.2014, zitiert nach NCR, 30.12.2014. – Man sollte eine Vielfalt an
Formen anerkennen. Auch innerhalb der Kirche sollten wir uns um eine formelle Anerkennung jener interpersonalen Beziehung mühen, die auch in vielen schwulen Paaren
gelebt wird. So wie es eine Vielfalt von Rahmenbedingungen für Partner in der zivilen
Gesellschaft gibt, muss man auch zu einer Vielfalt an Formen in der Kirche finden. Die
inneren Werte sind wichtiger für mich als die institutionelle Dimension. Die christliche

Ein Raunen ging durch den globalen Pressewald. Papst Franziskus sei dabei, den Homosexuellen in der Kirche Heimat zu geben. Eine Unzahl von Karikaturen spiegelt diese Überraschung der Öffentlichkeit wider.

Es regte sich aber umgehend innerkirchlicher Widerstand: »Das ist die unausgesprochene Kriegserklärung an die Tradition. Oder zumindest empfinden es die konservativen Kräfte in der katholischen Kirche als solche, wenn wie jetzt, in einem offiziellen Dokument der Kirche Sätze stehen wie: ›Homosexuelle Personen haben Gaben und Qualitäten, die wertvoll für die christliche Gemeinschaft sein können.‹ Diese Worte, auch wenn sie nur im vorläufigen Zwischenbericht der Synode stehen, sind eine Sensation in einer Kirche, die gelebte Homosexualität bislang als Krankheit oder Sünde abtat. Es ist Mittagspause bei der Synode. Zwei Schweizergardisten schlagen am Petrianus-Tor laut die Hacken zusammen, als Kardinal Raymond Leo Burke in Soutane und rotem Pileolus-Käppchen in Richtung Petersplatz schreitet. Der US-Kardinal knetet einen Rosenkranz in seiner rechten Hand. Er ist entsetzt, man sieht es ihm am finsteren Gesichtsausdruck an. ›Wir müssen das korrigieren‹, schimpft er. ›Die Wahrheit, die Wahrheit‹, ruft der Präfekt des höchsten Vatikangerichts noch auf die Frage nach dem Ziel dieser Synode. Dann eilt er davon. Die Wahrheit, das ist der Begriff, der für Kirchenmänner wie Burke gleichbedeutend ist mit kompromissloser Treue zum Wort Gottes.«[117]

Kardinal Raymond Leo Burke ist inzwischen nicht mehr Chef des Obersten Gerichtshofes im Vatikan, sondern für den Malteserorden auf Malta zuständig. Ein »rechtes Internetportal« titelte diesen Vorgang mit »Unbarmherziger Franziskus: Kardinal Burke abgesetzt und zum Malteserorden ›abgeschoben‹« und deutete die Personalrochade als »Vergeltungsmaßnahme eines nachtragenden Papstes«[118]. Zweifel an der Treue des Papstes zur »katholischen Tradition« kommt auf. Es wird versucht, einen Keil zwischen den Papst und Jesus zu treiben.

Ethik basiert auf einer dauerhaften Beziehung, in der Ausschließlichkeit, Loyalität und Einstehen füreinander zentral sind.

117   Müller-Meiningen, Julius: Zeitenwende, in: Wiener Zeitung vom 15.12.2014.
118   http://www.katholisches.info/2014/11/08/unbarmherziger-franziskus-kardinal-burke-abgesetzt-und-zum-malteserorden-abgeschoben/

Abbildung 25: Das geht zu weit

Die Verantwortlichen um Papst Franziskus haben offenbar den Widerstand wahrgenommen. Die Fragestellungen in den Lineamenta 2015 sind hinsichtlich der Homosexualität zurückhaltend. Das heiße Thema wird eingegrenzt. Es geht nur noch um gesellschaftliche Entdiskriminierung der Homosexuellen sowie um die Frage, was die Seelsorge zu tun hat, wenn in Familien Personen mit homosexueller Orientierung leben. Die Fragen nach deren Sexualkultur, ihr Wunsch nach Heirat und Kinder, werden im Diskussionsdokument nicht zur Sprache gebracht:

»Die pastorale Aufmerksamkeit gegenüber Personen mit homosexueller Orientierung (Nr. 55-56)

Die pastorale Sorge für Personen mit homosexueller Orientierung stellt uns heute vor neue Herausforderungen; das ist auch der Art und Weise geschuldet, in der deren Rechte auf sozialem Gebiet vorgetragen werden.

40. Wie richtet die christliche Gemeinschaft ihre pastorale Aufmerksamkeit auf Familien, die in ihrer Mitte Personen mit homosexueller Orientierung kennen? Indem jede ungerechte Diskriminierung vermieden wird, wie kann man für die Personen in solchen Situationen im Licht des Evangeliums Sorge tragen? Wie sind ihnen die Forderungen des Willens Gottes in ihrer Situation darzulegen?« (LIN 2015)

Abbildung 26: Der Papst und die Konservativen im Vatikan
© nytsyn.com/cartoons

Der Reformpapst Franziskus wird von Reformgegnern inzwischen immer häufiger auch öffentlich angegriffen. Das geschieht innerkirchlich in moderater Weise. Es erweist sich als kluger Schachzug, dass er Kardinal Gerhard Ludwig Müller als Chef der Glaubenskongregation bestätigt hat und ihm damit ein Höchstmaß an Loyalität abverlangt. Von außen attackieren vor allem die Lefebvrianer. Pater Stefan Frey, 55, gebürtiger Schweizer, Distriktoberer der Priesterbruderschaft St. Pius X. für Österreich ist ein anschauliches Beispiel dafür. Er schrieb in der österreichischen Tageszeitung DiePresse gleich nach der außerordentlichen Familiensynode einen Gastkommentar. Sein Text[119] verdichtet angriffslustig die Papstkritik der Rechten:

---

119 DiePresse vom 29.10.2014. http://diepresse.com/home/meinung/gastkommentar/ 4396750/print.do 1/2

Keine Kapitulation vor dem Zeitgeist!?

28. 10. 2014 | 18:35 | Von Pater Stefan Frey (DiePresse)

»Die Zukunft der Kirche kann nur in der Rückbesinnung auf ihre Wurzeln liegen: Gedanken zur Bischofssynode.

Die römische Bischofssynode zur Familienpastoral hatte es wahrhaft in sich. Sie löste nicht nur in der behäbigen vatikanischen Welt, sondern auch weltweit gleich mehrere geistige Erdbeben aus. Erstmals in der Kirchengeschichte versucht ein Papst – in vielleicht gut gemeintem Reformeifer –, eine 2000-jährige kirchliche Lehre und Praxis über den Haufen zu werfen, die doch als unveränderliches göttliches Vermächtnis gilt.

Als ebenso einmalig dürfte die äußerst heftige Gegenreaktion unter den Bischöfen einzustufen sein: Hohe Kirchenvertreter wie Kardinal Napier oder Großerzbischof Schewtschuk warfen dem Papst vor, ›nicht wiedergutzumachenden Schaden‹ angerichtet zu haben, bzw. forderten ihn auf, den Katechismus der katholischen Kirche zu studieren. Der Vorsitzende der polnischen Bischofskonferenz sprach gar von einer ›ehefeindlichen Ideologie‹, die der Familie in den Rücken falle. Aber auch in der Laienwelt erhitzten sich die Gemüter. Der renommierte italienische Historiker Roberto di Mattei etwa sprach vom Gewissensdrama, sich heute der höchsten kirchlichen Autorität widersetzen zu müssen.

Dies alles kommt nicht von ungefähr. Es bestand tatsächlich die Gefahr, mit der ›neuen pastoralen Barmherzigkeit‹ ein Trojanisches Pferd in die Kirche einzuführen, das die auf den Geboten Gottes gegründete Moral durch eine Schilfrohrmoral ersetzen sollte, vom Zeitgeist hinund hergeworfen, die eigentlich nur noch eines zu sagen hat: ›Jeder kann tun und lassen, was er will, und das mit dem Segen der Kirche.‹

Die pastorale Liebe soll selbstverständlich alle Menschen ohne Ausnahme umfassen, gerade jene in schwierigen Lebenssituationen. Echte Barmherzigkeit besteht aber darin, Menschen, deren Leben im Widerspruch zum Evangelium steht, jedwede Hilfe anzubieten, damit sie ihr Leben in Einklang mit Gott bringen können.

Dass ein beträchtlicher Teil der Bischöfe bei der Synode an diese elementaren Werte des Christentums erinnert und den Mut gefunden hat, gegen eine zersetzende Aufweichung der kirchlichen Lehre zu protestieren, halte ich für ein erfreuliches Signal für die Kirche von heute, die an innerer Zerrissenheit und Orientierungslosigkeit leidet.

Unveränderliche Botschaft

Die Zukunft der Kirche kann nicht in der Kapitulation vor dem Zeitgeist liegen, sondern einzig in der Rückbesinnung auf ihre Wurzeln. Die Kirche muss ihre von Christus empfangene Sendung treu erfüllen. Sie hat den Völkern aller Zeiten die unveränderliche Botschaft des Sohnes Gottes zu verkünden, die keine Anpassung an Zeitverhältnisse nötig hat. ›Himmel und Erde werden vergehen, meine Worte aber werden nicht vergehen‹, sagt Jesus. Nur so vermag sie den Menschen wirklich zu helfen und sie zum ewigen Leben zu führen, was ja ihre ureigene Aufgabe ist.

Die Piusbruderschaft hat sich immer in diesem Sinn eingesetzt. Dass dieser Weg der Tradition nicht ganz falsch sein kann, zeigt die Entwicklung der vergangenen Jahre. In zunehmendem Maß fühlen sich gerade junge Menschen von der traditionellen Lehre und Liturgie der Kirche angezogen und verspüren den Wunsch, ihr Leben dem Dienst Gottes und der Kirche zu weihen. In diesem Jahr sind 67 junge Männer in unsere Priesterseminare eingetreten, die teilweise aus den Nähten platzen, sodass zum Beispiel in den USA zurzeit ein riesiger Neubau entsteht. Wenn wir nach den Worten Christi den guten Baum an seinen Früchten erkennen sollen, scheint mir das von unserem Gründer, Erzbischof Lefebvre, initiierte ›Experiment der Tradition‹ zukunftweisend zu sein.«

Auf diesen angriffigen Text des Oberen der Lefebvrianer habe ich kurz danach in einem Gastkommentar folgende Entgegnung verfasst:

Kapitulation vor dem Evangelium!

Von Paul M. Zulehner[120]

»Es wird zu viele geben, die dem Gastkommentar von Pater Stefan Frey in DiePresse vom 29.10.2014, S.11 etwas abgewinnen können. Wer die vielen leidenden Geschiedenen in der seelsorglichen Nähe erlebt, dazu die betroffenen Kinder, die zumeist übersehen werden, wird sich tatsächlich mehr Stabilität in den Ehen und Familien wünschen. Gerade in einer Zeit zugemuteter Rundummobilität ist ein verlässliches Obdach

---

120 Ich konnte diesen Gastkommentar nicht unwidersprochen hinnehmen. Es gelang mir, zwei Tage später selbst einen Gastkommentar in DiePresse unterzubringen. Er fasst zusammen, was des Papstes Franziskus gläubiges Anliegen ist. Aus: DiePresse vom 30.10.2014.

der Seele ein wahrer Segen. Eine in Sachen Ehe und Familie strenge Kirche könnte, so meint man, Leid vermeiden helfen.

Nun unterstellt der Piusbruder dem Bischof von Rom, Papst Franziskus, er würde in dieser Hinsicht billig vor dem Zeitgeist kapitulieren. Papst Franziskus hat aber eine gänzlich andere ›Kapitulation‹ im Sinn: die vor dem Evangelium.

Der kirchenpolitische Rechtsdissident Frey stützt sich in seiner Attacke auf den Papst auf die unveränderliche Botschaft. Das macht er aber völlig vergeblich. Denn auch Papst Franziskus geht es um diese. Er aber ist nicht darum besorgt, dass diese verwässert wird, sondern dass die vermeintlich unveränderte Botschaft im Lauf der Jahrhunderte ›halbiert‹ worden ist. Eben diese ›Halbierung‹ wiegt ganz schwer. Der Papst nähert sich also keinesfalls dem Zeitgeist, sondern will die vergessene Seite der Botschaft wieder ins Bewusstsein heben und die Praxis der Kirche am Evangelium ohne Abstriche (sine glossa) orientieren, wie der heilige Franz von Assisi es getan hat.

Was freilich Personen wie Pater Frey suchen, ist spannungsfreie Einfachheit. Die Botschaft des Evangeliums ist aber nicht einfach, weil auch das, was die Bibel über Gott erzählt, nicht einfach ist. Das Gottesbild Jesu selbst ist voller Spannung:

- Einerseits steht die Botschaft des Evangeliums für unverbrüchliche Treue. Gott stellt sich auf die Seite der Liebenden und ihres geradezu archaischen Traums, in Frieden miteinander alt werden zu können. Alles, was wir über den Traum der Liebenden in Erfahrung bringen können, ist, dass sie letztlich Ewigkeit und Unendlichkeit wollen. Dass eine Liebe zerbricht, erleiden viele als Scheitern und als Enttäuschung des Erhofften.

- Andererseits ist aber Jesus unentwegt daran gelegen, jenes Bild eines Gottes zurechtzurücken, das die Frommen haben. Danach hat vor Gott nur Bestand, wer moralisch integer ist und die Gebote erfüllt. Genau darum geht es aber Gott nicht. Deshalb geht Jesus ärztlich gerade zu denen, die verwundet und ›ausgesetzt‹ sind. Ihnen verkündet er, dass Gott die vielen Wunden der Menschen, selbst Mensch geworden, bis ans Kreuz mitleidet, aber für ihn das Kreuz nie das letzte Wort ist, sondern das Auferstehen. Zum Ärger der Frommen finden wir daher Jesus am Rand, bei den Sündern, Zöllnern und Dirnen, in schlechter Gesellschaft also. Diese richtet er, indem er sie aufrichtet.

Mit ihnen hält er buchstäblich ›Kommunion‹. Er heilt sie, was ihm den Ehrentitel Heiland einbrachte. Seine Jüngergemeinde sollte in seiner Nachfolge Heil-Land werden.

Wie einst Jesus ist auch Papst Franziskus den moralischen Ordnungshütern und den Anwälten eines ›halbierten‹ Gottes ein Dorn im Auge. Wohl denken auch manche insgeheim, dass dieser ›weg müsse‹, und hoffen, dass er der Kirche nicht zu lange schaden könne. Dennoch: Es ist höchste Zeit, dass die Kirche sich wieder an das vollständige Gottesbild hält. Tut sie es nicht, kann sie nicht mehr Symbol Gottes sein, sondern wird zu dessen ›Diabol‹ (Hermann Stenger) – sie verwirrt die Menschen über Gott. Denn sie macht aus einem unpassenden einen uns passenden Gott.

Eine geschiedene Frau, gegen die Anweisung der Kirche wieder verheiratet, erzählt in einer geistlichen Gesprächsrunde: ›Ich bin mir in meinem Innersten ganz sicher, dass Gott mir vergeben hat. Nur die Kirche vergibt mir nicht.‹ Das erinnert fatal an den Film von Bud Spencer und Terence Hill: ›Gott vergibt, Django aber nie.‹ Eine Kirche, die nicht das Handeln Gottes erfahrbar macht, schafft sich selbst ab. Vor einer solchen Selbstbeseitigung schützt Papst Franziskus die ihm anvertraute Kirche. Zum Ärger vermeintlich Frommer.«

Vorhersehbare Enttäuschungen?

Die Erwartungen an Papst Franziskus in Reformkreisen sind noch größer als die Befürchtungen der um die Tradition Besorgten. Sind sie zu hoch? Muss angesichts der überhöhten Erwartungen der Papst nicht letztlich enttäuschen?

Diese Gefahr ist sicherlich gegeben. Der Papst hat viel an Überzeugungsarbeit zu leisten. Dabei lässt er keinen Zweifel daran, dass er selbst sich weder rechts noch links sieht. Er ist weder progressiv noch traditionalistisch.

In einer Analyse der Diskussionen auf der außerordentlichen Familiensynode beschreibt Papst Franziskus eine Reihe von Versuchungen, denen die Kirche auf ihrem synodalen Weg zur Erneuerung der Familienpastoral erliegen kann, in denen er aber Regungen verschiedener Geister erblickt, die es mit ignatianischer Kunst zu unterscheiden gelte:

Abbildung 27: Erwartungen an den Papst
© Erl / toonpool.com

* »Zuerst: Die Versuchung der feindseligen Verhärtung (irrigidimento ostile), das heißt die Tendenz, sich im Geschriebenen (dem Buchstaben) zu verschließen und sich nicht von Gott überraschen zu lassen, vom Gott der Überraschungen (dem Geist); sich zu verschließen im Gesetz, in der Gewissheit dessen, was wir kennen, und nicht dessen, was wir noch lernen und erreichen müssen. Seit der Zeit Jesu ist das die Versuchung der Eifrigen, der Gewissenhaften, der Besorgten und der – heute – sogenannten ›Traditionalisten‹ und auch der Intellektualisten.

* Die Versuchung des destruktiven Gutmenschentums (buonismo distruttivo), das im Namen einer irreführenden Barmherzigkeit die Wunden verbindet, ohne sie zuerst zu behandeln und medizinisch zu versorgen; das die Symptome behandelt und nicht Ursachen und Wurzeln. Das ist die Versuchung der ›Gutmenschen‹, der Furchtsamen und auch der so genannten ›Progressiven und Liberalisten‹.

* Die Versuchung, Stein in Brot zu verwandeln, um ein langes, anstrengendes und schmerzhaftes Fasten zu beenden (vgl. Lk 4,1–4), und auch das Brot in Stein zu verwandeln, um diesen auf die Sünder, Schwachen und

Kranken zu werfen (vgl. Joh 8,7), das heißt, ihn in ›unerträgliche Lasten‹ (Lk 10,27) zu verwandeln.

* Die Versuchung, vom Kreuz herabzusteigen, um die Menschen zufriedenzustellen, und nicht dort zu bleiben, um den Willen des Vaters zu erfüllen; sich dem weltlichen Geist zu beugen, anstatt ihn zu läutern und nach dem Geist Gottes zu formen.

* Die Versuchung, das ›depositum fidei‹ zu vernachlässigen und sich nicht als dessen Hüter, sondern als Eigentümer und Herren zu betrachten. Oder auf der anderen Seite die Versuchung, die Wirklichkeit zu übersehen durch die Verwendung einer minutiösen Sprache und einer geglätteten Ausdrucksweise, um viele Worte zu machen, ohne etwas zu sagen! Haarspalterei nennt man so etwas, glaube ich…«[121]

Der Papst nimmt diese verschiedenartigen Versuchungen sehr ernst. Aber er betrachtet sie als schöpferische Herausforderungen, die zu bestehen sind. Schließlich musste auch Jesus seine Berufung durch Versuchungen hindurch leben. Zugleich aber weist der Papst den Versuchten die Richtung: das Heil der Menschen, das mit Weisheit, Offenheit, Mut und Parrhesia zu fördern ist. Der Papst wörtlich:

»Liebe Brüder und Schwestern, Versuchungen dürfen uns weder erschrecken noch verwirren und auch nicht entmutigen, denn kein Schüler ist größer als sein Meister. Wenn also Jesus versucht worden ist – und sogar Beelzebub genannt wurde (Mt 12,24) –, dann dürfen seine Jünger keine bessere Behandlung erwarten.
Ich persönlich wäre sehr besorgt und traurig gewesen, hätte es diese Versuchungen und diese lebhaften Diskussionen nicht gegeben, diese Regungen verschiedener Geister, wie sie der heilige Ignatius nennt (Geistliche Übungen, 6), und wenn alle sich einig oder schweigsam gewesen wären in einem falschen und quietistischen Frieden. Mit Freude und Dankbarkeit habe ich dagegen Redebeiträge und Wortmeldungen voller Glauben gesehen und gehört, voller Einsatz für Pastoral und Lehre, voll Weisheit, Offenheit, Mut und Parrhesia[122]. Und ich habe gespürt, dass uns das Wohl der Kirche, der

---

121   http://www.dbk.de/nc/presse/details/?presseid=2658
122   **Parrhesia** (eingedeutscht auch **Parrhäsie**) stammt aus dem Griechischen (παρρησία) und bedeutet *Redefreiheit* oder *über alles sprechen*. Der Begriff wurde von Michel Foucault verwendet, um das Konzept des Diskurses zu beschreiben, in dem man

Familien und die ›suprema lex‹, die ›salus animarum‹ (vgl. can. 1752) vor Augen standen. Und das jederzeit – das haben wir hier in der Synodenaula gesagt –, ohne je die grundlegenden Wahrheiten des Ehesakraments in Frage zu stellen: Unauflöslichkeit, Einheit, Treue und Zeugung von Nachkommenschaft, das heißt die Offenheit für das Leben (vgl. can. 1055, 1056 und GS 48).«[123]

Die Bequemen: Worauf warten wir?

Dem Papst macht noch eine andere gar nicht so kleine Gruppe in der katholischen Kirche Sorge. Es sind die bequemen Lehnstuhlchristen. Sie lassen sich vom missionarischen Elan des Papstes nicht mitreißen. Tatsächlich sind nicht wenige nach wie vor skeptisch – und zwar auch aus dem »Lager« der Reformkatholiken. Sie fürchten, dass dieser Papst lediglich ein Zwischenspiel sei. Der nächste werde auf den alten Kurs zurückkehren.

Für diese Zauderer und Zweifler hat Papst Franziskus nur eine einzige von Ungeduld gefärbte Aufforderung:

»Kraft der empfangenen Taufe ist jedes Mitglied des Gottesvolkes ein missionarischer Jünger geworden (vgl. Mt 28,19). Jeder Getaufte ist, unabhängig von seiner Funktion in der Kirche und dem Bildungsniveau seines Glaubens, aktiver Träger der Evangelisierung, und es wäre unangemessen, an einen Evangelisierungsplan zu denken, der von qualifizierten Mitarbeitern umgesetzt würde, wobei der Rest des gläubigen Volkes nur Empfänger ihres Handelns wäre. Die neue Evangelisierung muss ein neues Verständnis der tragenden Rolle eines jeden Getauften einschließen. Diese Überzeugung wird zu einem unmittelbaren Aufruf an jeden Christen, dass niemand von seinem Einsatz in der Evangelisierung ablasse; wenn einer nämlich wirklich die ihn rettende Liebe Gottes erfahren hat, braucht er nicht viel Vorbereitungszeit, um sich aufzumachen und sie zu verkündigen; er kann nicht darauf warten, dass ihm viele Lektionen erteilt oder lange Anweisungen gegeben werden. Jeder Christ ist in dem Maß Missionar, in dem er der Liebe

offen und wahrhaftig über seine eigene Meinung und seine Ideen spricht, ohne rhetorische Elemente, manipulative Rede oder Generalisierungen zu verwenden. http://de.wikipedia.org/wiki/Parrhesia

123 http://www.dbk.de/nc/presse/details/?presseid=2658

Gottes in Jesus Christus begegnet ist; wir sagen nicht mehr, dass wir ›Jünger‹ und ›Missionare‹ sind, sondern immer, dass wir ›missionarische Jünger‹ sind. Wenn wir nicht überzeugt sind, schauen wir auf die ersten Jünger, die sich unmittelbar, nachdem sie den Blick Jesu kennengelernt hatten, aufmachten, um ihn voll Freude zu verkünden: ›Wir haben den Messias gefunden‹ (Joh 1,41). Kaum hatte die Samariterin ihr Gespräch mit Jesus beendet, wurde sie Missionarin, und viele Samariter kamen zum Glauben an Jesus ›auf das Wort der Frau hin‹ (Joh 4,39). Nach seiner Begegnung mit Jesus Christus machte sich auch der heilige Paulus auf, ›und sogleich verkündete er Jesus … und sagte: Er ist der Sohn Gottes.‹ (Apg 9,20). Und wir, worauf warten wir?« (EG 51)

Abgesang

Angst um sein Leben

Innerkirchliche Reformgegner

Papst Franziskus lebt gefährlich. Er hat Feinde, innerhalb der Kirche und außerhalb. Innerhalb ist der »rechte Flügel« aufgebracht. Wer bedenkt, dass die Mehrzahl der Bischöfe unter Johannes Paul II. und Benedikt XVI. ernannt worden ist, wird zumindest unter den Bischöfen eine beträchtliche Zahl von Papstskeptikern und Papstgegnern finden. Auf der Familiensynode haben sich einige Kritiker an der pastoralen Ausrichtung des Papstes dadurch sichtbar gemacht, dass sie eine Streitschrift[124] gegen Kardinal Walter Kaspers Positionen veröffentlicht haben, die wiederum vom Papst gerühmt worden war.

Nun kann man in der Auseinandersetzung um wichtige pastorale Vorgehensweisen durchaus anderer Meinung sein. Aber es kann auch zu einer gefährlichen Gemengelage kommen. Angenommen, jemand hat das Gefühl, dass die Kirche durch den Papst bedroht werde, und diese Person hat eine fundamentalistische Neigung, dann kann diese nicht nur in verbale, sondern im äußersten Fall auch in physische Gewalt umschlagen.

Nach einer Umfrage in Österreich halten das zwei Drittel (64 %) der Befragten für möglich: »Viele innerhalb und außerhalb der Kirche erwarten vom neuen Papst Franziskus, dass er mit den weithin kritisierten Strukturen im Vatikan aufräumt. Genau das aber kann für den neuen Pontifex sehr gefährlich werden und ihn gegebenenfalls sogar das Leben kosten.«[125]

---

124 »In der Wahrheit Christi bleiben«: Ehe und Kommunion in der katholischen Kirche, hg. von Robert Dodaro OSA, Würzburg 2014.
125 OEKONSULT: Österreich, März–Juni 2013.

Mafia

Der Papst hat sich freilich auch gefährliche außerkirchliche Feinde geschaffen. Die Anführer der Mafia hat er aus der Kirche ausgeschlossen. Die Mafia sei »die Bewunderung des Bösen, die Missachtung des Gemeinwohls«, sagte er in der Ebene von Sibari, in Kalabrien, der Heimat der ›Ndrangheta-Clans‹. Gegen die Mafia müsse »angekämpft werden«.

Abbildung 28: Zielscheibe der Mafia

Francis, the comic strip Pat Marrin | Jul. 24, 2014. National Catholic Reporter, © ncronline.org

Damit nicht genug: Mafiosi »sind exkommuniziert«.[126] Ob ihn einer von ihnen aufs Korn nimmt? Das fragt zumindest besorgt Pat Marrin in einem Cartoon.

Nicht nur, aber auch diese Besorgnis um das Leben des Papstes hat die Leiterin des Verlags Styria, Gerda Schaffelhofer, bewogen, ein Buch mit vielen Gebeten für Papst Franziskus herauszubringen.[127] Als es bei einer Generalaudienz dem Papst überreicht wurde, sagte er wiederholt »Ich brauche, ich brauche …!«

---

126 http://www.spiegel.de/panorama/kirche-und-mafia-papst-franziskus-rede-und-die-folgen-a-982164.html
127 Schaffelhofer, Gerda: Gebete für Papst Franziskus, Wien – Graz – Klagenfurt 2014.

Mein Gebet für Franziskus

»Im Schatten Deiner Flügel sind wir geborgen«, singe ich in den Psalmen: Du unser Gott!

Und denke an Franziskus, deinen Bischof in Rom.

Nicht im Traum hätte ich gedacht, in meinem fortgeschrittenen Alter noch einmal einen solchen Aufbruch in Deiner Kirche erleben zu können. Offenbar hat Dein Geist ihn erfasst, jener Geist, den Du Deiner Kirche reichlich auf dem Zweiten Vatikanischen Konzil geschenkt hast und der, so Franziskus, sich nicht zähmen lässt, auch wenn wir in unserer Trägheit und Ängstlichkeit es noch so gerne hätten.

Dein Geist macht ihn auch zu einem unerschrockenen Mahner. Den Mächtigen der Welt redet er ins Gewissen. Gib ihm nicht nur die rechten Worte, sondern öffne gleichzeitig die Ohren der Herzen der Mächtigen, die über Krieg und Frieden entscheiden. Er duldet es nicht, dass Menschen massenweise im Mittelmeer ertrinken, auf der Flucht sein müssen vor Terror und Krieg, in so vielen Regionen der Erde. Lass ihn weiterhin ein unbeugsamer Anwalt des Friedens sein.

Auch dass er sich mit Vorliebe Bischof von Rom nennt, lässt mich hoffen, dass das Gebet Deines Sohnes um Einheit sich durch seine mutigen Schritte der Erfüllung nähert. Dass wir eins seien, war Jesu Herzensanliegen. Er hat wohl schon die Wunden seines gespaltenen Leibes vorhergelitten. Er war in den vielen Toten, welche die Blutspur der Kirchenspaltung in Europa hinterlassen hat. Der Hass unter Christen hat viele an Deiner Kirche zweifeln lassen – ausrotten solle man sie, so haben große Denker gefordert. Lass Franziskus für eine machtlose Kirche stehen, die jeglicher Gewalt widersagt. Lass ihn Verbündete in den evangelischen Schwesternkirchen finden, die mit ihm gemeinsam Europa um Vergebung bitten, dass beide Konfessionen Dein Evangelium im Blut ertränkt haben.

Und nicht zuletzt: Er möchte, dass wir eine arme Kirche für die Armen werden. Lass uns Christinnen und Christen in den reichen Ländern in seine Schule gehen. Gib auch uns die Courage, uns gerade dann zu verausgaben, wenn wir nichts zurück erwarten können. Und mach uns politisch, damit wir den Armen nicht nur Almosen geben und das immer wieder tun müssen, sondern dass es schrittweise mehr Gerechtigkeit in der einen Menschheit gibt, dass Menschen frei und in Würde leben können überall auf dieser Erde.

Schon jetzt danke ich dafür, dass Franziskus als erster Papst eine Enzy-klika verfasst, die der Zerstörung der Umwelt, nein, unserer Mitwelt, wehren soll.

Lass ihn noch lange Deiner Kirche vorstehen, mit Demut und starker Hand. Lass ihn viele Menschen finden, die seine Mitstreiter sind, auch unter den Bischöfen. Und wenn ihm jemand nach dem Leben trachten sollte, lass ihn unter Deinen Flügeln geborgen sein.

Eine Epoche wird sich ändern

Der Atheist Eugenio Scalfari führte im Oktober 2013 ein ausführliches Gespräch mit Papst Franziskus. Dieses fasste er folgendermaßen zusammen: »Das ist Papst Franziskus. Wenn die Kirche so werden wird, wie er sie denkt und will, wird sich eine Epoche ändern.«[128]

Alles deutet darauf hin, dass wir privilegierte Zeugen dieses Wandels der Kirche sind.

---

128 Auf einmal erfüllte mich ein großes Licht. Interview mit Eugenio Scalfari und Papst Franziskus, La Reppublica, Mailand, 1.–3.10.2013.

Vertiefungen

Im Folgenden werden zwei der großen Anliegen von Papst Franziskus diskutiert und vertieft.

Für eine Wirtschaft, die nicht tötet

Das eine Anliegen ist der Einsatz für die Armen. Er will nicht nur, dass den Armen geholfen wird, sondern dass eine Weltwirtschaft wächst, welche Armut mindert. Der harte Satz des Papstes: »Diese Wirtschaft tötet«, ist international heftig kritisiert worden. Der Papst verstehe zu wenig von der Wirtschaft, so ein Hauptvorwurf. Es sei lediglich eine Neuauflage der lateinamerikanischen Befreiungstheologie, wobei konzediert wird, dass der Papst nicht für die marxistisch inspirierte Befreiungstheologie steht, sondern für eine argentinische Variation, welche dem »Volk« eine bedeutende Rolle im Kampf um Gerechtigkeit beimisst.

Eine Vertiefung der wirtschaftspolitischen und wirtschaftsethischen Diskussion wird im Dialog mit dem ehemaligen österreichischen Wirtschaftsminister und späteren Bundeskanzler Wolfgang Schüssel sowie mit dem deutschen Sozialethiker Friedhelm Hengsbach SJ gesucht.

Für eine Kirche des Erbarmens: Ehe und Familie in moderner Kultur

Papst Franziskus steht für eine Pastoral des Erbarmens mit jenen Menschen, denen das Leben und die Liebe Wunden geschlagen haben. Dazu hat er eine breit angelegte Familiensynode einberufen, um die Pastoral der katholischen Kirche rund um Scheidung und Wiederheirat weiterzuentwickeln. Vor allem den generellen Ausschluss jener Katholikinnen und Katholiken, die nach einer Scheidung standesamtlich wieder heiraten, von den Sakramenten der Buße und der Kommunion hält der Papst mit vielen Vordenkern in Ortskirchen nicht für eine zwingende Konsequenz aus der Treueforderung Jesu im Evangelium. Der Papst schätzt die Unterscheidung zwischen dem Ideal und der jeweils nur schrittweisen, graduellen Annäherung an dieses. Das Leben aus dem Evangelium

116

macht er nicht vom moralischen Gelingen von Ehegeschichten abhängig. Der Papst kann sich wie in der orthodoxen Tradition eine Einzelfalllösung vorstellen.

Es wird zur Vertiefung nicht nur auf den tiefgreifenden Wandel in den kulturellen Ehebildern hingewiesen, sondern auch ein markanter Text des Patriarchen Bartholomaios I. dokumentiert, welcher die Praxis der orthodoxen Kirchen darlegt und begründet.

Für eine Wirtschaft, die nicht tötet

Wolfgang Schüssel: Mehr Ermutigung für die Wirtschaft

Zu den Positionen des Papstes über die Wirtschaft habe ich ein Gespräch mit einem Wirtschaftsfachmann geführt. Es ist Wolfgang Schüssel, ehemaliger Wirtschaftsminister und Bundeskanzler in Österreich. Ich habe ihm Fragen vorgelegt. Hier sind Schüssels Antworten.

Prozesse der Entmenschlichung

Zulehner: Der liberale Essayist Hans Magnus Enzensberger vermutete bereits 1993: »Selbst in reichen Gesellschaften kann morgen jeder von uns überflüssig werden. Wohin mit ihm?« Ähnlich zeigt sich Papst Franziskus in seiner »Regierungserklärung« »Evangelii gaudium« (Die Freude des Evangeliums) besorgt: »Der Mensch wird wie ein Konsumgut beachtet ... Man kann ihn auch wegwerfen. Die Ausgeschlossenen sind nicht ›Ausgebeutete‹, sondern Müll« (EG 53). Das gesellschaftliche und wirtschaftliche System ist an seiner Wurzel ungerecht (EG 59). Gegen Prozesse der Entmenschlichung setzt Franziskus eine Option für den Menschen. Es geht ihm um mehr Gerechtigkeit für alle. – So frage ich Sie, Herr Altbundeskanzler: Leben wir in einer entmenschlichten Weltkultur? Kann man dem Papst diesbezüglich zustimmen?

Schüssel: Ich erlaube mir eine differenzierende Antwort. Ich finde es zunächst einmal großartig, dass der Papst sich zum Sprecher von Menschen oder von Gruppen macht, die sich relativ wenig artikulieren können, die zu kurz kommen, die vielleicht übersehen werden, die nicht im Fokus der medialen Aufmerksamkeit stehen. Das finde ich gut.

Andererseits gab es – in jeder Phase des Menschseins, der menschlichen Geschichte – immer schon diese Tendenz des Überflüssigwerdens, des Ausgestoßenwerdens, dass es Menschen gibt, die etwas zu sagen haben, dass andere schweigen müssen, manche Macht haben, andere ohnmächtig sind: das hat es immer gegeben. Und die Kernfrage ist, wird es heute eigentlich besser – ist das eine Aufwärtsentwicklung, natürlich auch mit unseren Systemversuchen von Demokratie bis zur

Marktwirtschaft, vom Rechtsstaat bis zur Partizipation – ist das sozusagen eine Entwicklung, die, wie Pierre Teilhard de Chardin meint, zu einem höheren Ganzen, zu einer höheren Entwicklungsstufe hinführt oder geht's bergab. Und das sind zwei grundsätzlich interessante Positionen.

Ich persönlich glaube, dass wir längerfristig trotz aller Schwankungen uns in einem positiven Upswing befinden. Das hat natürlich etwas damit zu tun, dass wir einige ganz wesentliche philosophische, ökonomische, politische Entwicklungen zu verzeichnen haben, die aber nicht überall auf der ganzen Welt bisher so stattfinden. Das ist eben Demokratie, das ist die Entwicklung der individuellen und kollektiven Menschenrechte, das ist die Entwicklung des Rechtsstaats, die Entwicklung eines Systems der sozialen Marktwirtschaft. Das sind Errungenschaften, die mit der Aufklärung zu tun haben und die uns sowohl ideengeschichtlich wie auch wirtschaftlich weiterentwickelt haben. Und das kommt meiner Meinung nach in Interviews und Analysen, auch in der jüngsten Enzyklika des Papstes zu kurz. Da wird eigentlich ziemlich undifferenziert Kritik geübt. Berechtigte Kritik gewiss, aber was zu kurz kommt, ist diese langfristige Aufwärts-Entwicklung, in der wir uns befinden.

Zulehner: Es gibt zumindest einen Strang in der Weltentwicklung, wo es aufwärts geht. Zugleich gibt es aber auch einen Strang, wo es nicht aufwärts geht, wo das Elend bleibt, die Armut sich nicht verändert, wo Menschen sich nicht selber helfen können: Wie hängen aber diese zwei Entwicklungen zusammen? Es gibt ja den Verdacht beim Papst, dass diese Aufwärtsentwicklung massive Kollateralschäden erzeugt bei Armen, für die er dann der Anwalt ist.

Schüssel: Aber da würde ich mich schon auf die Fakten konzentrieren. Es ist ganz interessant, wie Hans Rosling auf YouTube belegt: Bis 1800 gibt es kaum nennenswerte Entwicklung. Es gab Imperien, die gekommen und gegangen sind. In Summe war es aber eine ziemlich gleichmäßige Entwicklung. Ab 1800 mit der industriellen Revolution, mit technischen Innovationen, der Entwicklung marktwirtschaftlicher Systeme, beginnt eine unglaubliche Aufwärtsentwicklung. Ein Auseinanderklaffen ist in dieser Zeit nicht zu sehen. Es gab auch früher riesige Unterschiede, aber diese bestanden immer ziemlich parallel. Und jetzt gibt es eine parallele Aufwärtsentwicklung, die auch den Armen – im Gesamtüberblick – geholfen hat.

Am Beispiel der Milleniumsziele kann man das ganz gut nachvollziehen. Für das Jahr 2000 hat Kofi Annan als UNO-Generalsekretär diese anspruchsvollen Milleniumsziele vorgegeben: Halbierung der Armut, deutliche Reduzierung der Kindersterblichkeit bei der Geburt, die Analphabetisierungsrate muss deutlich reduziert werden, Wasser für alle, Bildung für alle. Wenn man sieht, was sich in den fünfzehn Jahren getan hat, ist das spektakulär. Die Armut ist global halbiert worden, die Alphabetisierungsrate ist gigantisch in die Höhe gegangen. Matthias Horx wies uns darauf hin, wie sehr wir diese positiven Entwicklungen verdrängen und nicht mehr wahrnehmen.

Es gibt also eine Tendenz, die uns in Summe eine Aufwärtsentwicklung beschert, die man nicht negieren darf. Da bleibt wiederum die Stimme des Papstes und aller, die sich um diesen Bereich der Ausgegrenzten und Zukurzkommenden kümmern, wichtig, weil sie nicht ausblenden will, dass es noch immer große Unterschiede gibt. Armut, Not und Elend, psychisch wie materiell – sich dafür einzusetzen ist absolut notwendig. Und so gesehen erinnere ich, dass der Papst eine notwendige Stimme ist. Aber was ich mir wünschen würde, ist dass er auch ein paar ermunternde Worte sagt, dass es Systeme gibt, die uns zeigen, wie es gehen kann, um das zu überwinden, was zu Recht kritisiert wird.

Antikapitalist – daher Marxist?

Zulehner: Der Papst gilt als kantiger Gegner eines entfesselten Kapitalismus. Ist er deshalb ein Marxist?

Schüssel: Das halte ich für einen kompletten Blödsinn. Wer den Marxismus ein bisschen studiert, weiß, dass dieser eine Quasireligion ist, die ohne Gott und ohne eine vertikale Dimension in Wirklichkeit genau das vergötzt, wovor der Papst warnt, nämlich den Monetarismus. Marx ist ja geradezu fixiert auf ökonomische Entwicklung und auf die Gesetzmäßigkeiten der Geschichte. Eine entpersonalisierte, entindividualisierte Sichtweise, die überhaupt nicht übereinstimmt mit dem, was Papst Franziskus zu Recht einmahnt. Mit dem Blick auf den Menschen, den zentralen Fokus auf das Individuum und seine soziale Gebundenheit und Verantwortung, all das ist dem Marxismus völlig fremd. Der Marxismus ist eine zentral gesteuerte, gesellschaftliche, gesetzmäßige geschichtliche kollektive Entwicklung, die sowohl die Person, ihre vertikale Dimension und den Freiheitsgedanken in jeder Form negiert. Also genau das Konträre zu dem, was eigentlich Franziskus haben will.

Zulehner: Aber was stört die Leute am Papst, wenn sie ihm Marxismus vorwerfen?

Schüssel: Ich glaube einfach, dass hier amerikanische holzschnittartige Vereinfachungen mitspielen. Wer nicht prinzipiell die Segnungen des Kapitalismus bejaht und nicht alles wunderbar findet, was in dieser freien Gesellschaft geschieht, ist von vornherein einmal schon mit einem gewissen Verdacht, ein Marxist zu sein, behaftet. Wie übrigens auch die meisten europäischen Parteien von den meisten Amerikanern als linkssozialistisch eingeschätzt werden – und das hängt ein wenig mit ihrer Sucht zur Vereinfachung zusammen.

Es sind ja viele weiterführende Entwicklungen und Ideen, vor allem im technischen Bereich, aber ideengeschichtlich gibt es in Amerika einen fatalen Hang zur Vereinfachung, wie auch in der Weltpolitik. Es werden Feindbilder gepflegt, die mich stören. Das findet man überall in der Politik, in der Wirtschaft – es gibt geradezu einen kompetitiven Zwang, Freund-/Feindbilder aufzubauen. Differenzierung ist die Sache der Amerikaner nicht. Dem fällt wahrscheinlich auch Papst Franziskus zum Opfer.

Das heißt nicht, dass man jeden Satz des Papstes unterschreiben muss. Aber ich finde es großartig, dass es jemanden gibt, mit dem man sich auseinandersetzen kann. An dem man sich reiben kann. Wo man Vorschläge einbringen kann, wie man vielleicht Dinge besser erklären kann.

Und weil sich Papst Franziskus gerade als Ermutiger versteht, finde ich es wichtig, dass er die kleinen mittelständischen oder auch größeren Unternehmer unterstützt und ermutigt, die versuchen, genau das zu leben: soziale Verantwortung, Eingebundenheit in die Region, Verantwortung gegenüber den Mitarbeitern – wie es übrigens unser Aktiengesetz hervorragend beschreibt: Das Aktiengesetz verpflichtet den Vorstand des Unternehmens, das Wohl der Aktionäre, das Wohl der Mitarbeiter und das gesellschaftliche Wohl der Ganzen zu beachten und zu beurteilen. Das ist eine großartige ganzheitliche Sicht. Und das ist genau das, was Franziskus haben will.

»Diese Wirtschaft tötet«

Zulehner: Johannes Paul II. war ja ein entschiedener Antimarxist und Antikommunist. Und dann fiel der Kommunismus 1989. Der Papst ist dann aber nicht liberalkapitalistisch geworden, sondern blieb ein kantiger Kritiker des neoliberalen Kapitalismus. Man hat den Eindruck, dass auch Papst Franziskus, der ja auch die marxistisch gefärbte Befreiungstheologie nicht rezipiert hat, sondern die argentinische, die auf dem »Volk« aufbaut, nichtsdestoweniger eine Skepsis gegenüber den Selbstregulierungskräften der sogenannten freien Marktwirtschaft hat. Das kommt in EG ausdrücklich vor, dass er der »unsichtbaren Hand des Marktes«, was Menschlichkeit betrifft, nicht traut, sondern dann kommt diese harte Formel: »Diese Wirtschaft (die nicht auf den Menschen hin zielt, sondern Gier verfolgt) tötet.«

Schüssel: Adam Smith hat mit Recht gesagt, nicht dem Wohlwollen des Bäckers verdanken wir unsere warmen Semmeln, sondern weil er ein Geschäft machen will. Der Eigennutz, das Streben, selber etwas zu leisten und dafür belohnt zu werden, Gewinn zu erzielen, das ist eine zutiefst sinnvolle menschliche Triebfeder. Das hat zunächst mit Kapitalismus und Marktwirtschaft wenig zu tun. Es ist immer noch ein sehr gutes System, das Marktkräfte wirken lassen kann. Es ist die Frage, ob es bessere Methoden gibt, wirtschaftliche positive Effekte zu erzielen als die Marktkräfte. Das sagt der Papst übrigens in seinem neuesten Interview auch ausdrücklich – und dieses Interview hat eine sehr viel differenziertere Wortwahl, als die brutale und schockierende Aussage »Diese Wirtschaft tötet« es war. Dabei ist schon klar, dass dieser Satz herausgehoben und wie eine Keule verwendet wurde. Er ist bewusst als Waffe von jenen eingesetzt worden, die gar keine vernünftige Marktwirtschaft mit den schmückenden Beiworten »ökologisch« und »sozial« wollen, sondern eine sozialistische, etatistisch zentrale Steuerung wünschen. Die Marktkräfte in der Wirtschaft sind sinnvoll. Aber der Grundgedanke der sozialen Marktwirtschaft, wie sie ein Ludwig Erhard, Meinhard Kamitz oder noch früher andere erfunden haben, besagt ganz konkret, dass der Staat die Rahmenbedingungen setzen muss. Der Markt wird nie eine Sozialversicherung entwickeln, der Markt wird nie einen Familienausgleichsfonds schaffen. Der Markt wird niemals eine Invalidenversicherung oder eine Arbeitslosenversicherung kreieren. Da ist Politik gefordert. Aber beides ist eben wichtig – die Balance zu finden zwischen den sinnvollen Marktkräften, um wirtschaftlich optimale Ergebnisse zu erzielen, und Regulierungen, die politisch gesetzt werden müssen, um den Schwächeren zu helfen und ihnen die Chance zu geben, ein Sicherheitsnetz zu haben, wenn sie durch Krankheit, Unfälle, ohne eigenes Verschulden Probleme bekommen – das ist ein ganz wichtiger Punkt.

Das ist in Südamerika überhaupt nicht verwirklicht in dieser Form, wie es bei uns gelebt wird. Und das hat natürlich Papst Johannes Paul II. auch nicht erlebt. In seiner Zeit hat er den Kommunismus mit allen brutalen Auswirkungen – für die Ärmsten oder die, die nicht gerade von der Partei oder der Nomenklatura begünstigt gewesen sind – gesehen und später dann die Enthemmung in der Transitionsphase, wo tatsächlich Heuschrecken über die Länder hergefallen sind und versucht haben, alles, was nicht niet- und nagelfest war, zu Geld zu machen. So gesehen braucht es sinnvolle Korrekturen. Jeder redet zunächst natürlich über seine eigenen Erfahrungen. Wir haben in Österreich nie den Neoliberalismus erlebt. Im Gegenteil – unser Land könnte einen Schuss mehr an Liberalität, ein Quantum mehr marktwirtschaftliche Spannung brauchen.

Zulehner: Kann man sagen, der Papst übersieht ein wenig diese europäische Erfolgsgeschichte, wo es wirklich in langen sozialen Konflikten gelungen ist, der Freiheit der Wirtschaft gesellschaftliche Gerechtigkeit abzuringen (Jean B. Lacordaire), den Sozialstaat auszubauen, den die Amerikaner so nicht kennen und den auch die Länder, die der Papst im Auge hat, nämlich die Länder der Armut, noch zu wenig kennen.

Schüssel: Das ist vollkommen klar. Wir erleben ja ein fortgesetztes Ringen um eine bessere Welt – und sollten eine gewisse Bescheidenheit vor unseren eigenen Ansprüchen gelten lassen. Vor nicht allzu langer Zeit war dies auch bei uns viel schwerer. Denken wir an die berührenden

Bücher eines Franz Innerhofer, der die agrarisch geprägte Welt im ländlichen Raum über 1–2 Generationen hinweg beschrieb oder die Klagen über das Los der Ziegelarbeiter am Wienerberg – das ist ja alles nicht so lange her. Die Sklavenwirtschaft ist erst vor 150 Jahren in den USA abgeschafft worden, und das alles unter christlichen Vorzeichen noch dazu.

Der Westen ist erst jetzt so weit, diese Dinge aus ehrlichem Herzen voll abzulehnen und darum zu kämpfen, dass dies weltweiter Standard wird. Auf diesen Entwicklungen können wir aufbauen. Wir dürfen uns auch nicht zufrieden geben mit dem, was bisher erreicht worden ist. Ich sehe auch die Minenarbeiter in Afrika oder in China, wo es immer wieder tragische Zwischenfälle, Bergwerksunglücke oder Unfälle in Kraftwerken oder in Fabriken gibt: das ist bitter, aber es formiert sich insgesamt schon eine Entwicklung zum Besseren. Das globale Bewusstsein entsteht – große Firmen, die unter dem Druck von Konsumenten und der öffentlichen Meinung stehen, beginnen Fair-trade-Prinzipien anzuwenden, fangen an, darauf zu achten, wie die Bedingungen in den Herkunftsländern ihrer Produkte sind, und das finde ich ermutigend. So gesehen leisten die Warnungen des Papstes – und so sehe ich sie – einen wichtigen Beitrag. Aber sie sollten ergänzt werden durch ein deutlicheres Wort der Ermutigung.

Politik schafft Rahmenbedingungen

Zulehner: Der Papst hat im Gleichschritt mit den Befreiungstheologien die Kritik an der »trickle-down-Theorie« übernommen. Der boomende Kapitalismus entlässt eben nicht seine Wohltaten freiwillig in Richtung der Armen. Da müsste dann doch in Richtung des Gemeinwohls noch stärker in den wirtschaftlichen Prozess politisch interveniert werden.

Schüssel: Wenn man die interessante Entwicklung Chinas betrachtet, finden wir auf der einen Seite die Kombination von einer harten zentralen politischen Steuerung durch die Partei und auf der anderen Seite einen ziemlich schrankenlosen Kapitalismus und wirtschaftlichen Liberalismus, der ja nicht einmal in Amerika, Canada oder Europa ansatzweise denkbar wäre. Aber auch dort zeigt sich schon die klassische Entwicklung: Es bilden sich Gewerkschaften, Arbeitnehmervertretungen. Sie verlangen höhere Löhne und setzen diese auch durch. Durch die Fehler, die dieses ungebremste System etwa im Umweltbereich verursacht, wird ein Umdenken angestoßen. Die Menschen korrigieren die Systeme. Das war auch bei uns so. Es geschieht durch ein gesellschaftliches Umdenken. Die KP in China oder in Singapur die Staatspartei – diese Systeme sind extrem gut vernetzt mit den Basisstrukturen, in die Kapillarsysteme ihrer Gesellschaft und nehmen Unmutsgefühle, diese sanften Wellen, die an sie heranbranden, unglaublich sensibel auf und beginnen sie auch nach und nach umzusetzen. Bismarck hat ja nicht zufällig in Preußen ein allgemeines Sozialversicherungssystem gebaut. Man hat auch nicht zufällig vor hundert Jahren das allgemeine Wahlrecht bei uns eingeführt. Es ist nicht zufällig die Entwicklung zu einer ökologisch orientierten Marktwirtschaft geschehen. Waldsterben, Atomproteste, Bürgerinitiativen haben dazu beigetragen. Hier hat sich ein gesellschaftliches Bewusstsein gebildet, auf das die Politik reagieren musste. Und auch die Firmen! Der systemische Effekt kommt zu wenig zum Tragen.

Manche sehen auf der einen Seite den Katholizismus, der ethische Werte verteidigt, und auf der anderen Seite den ungebremsten Kapitalismus als Kontrahenten. Sie sind aber nicht die einzigen »großen Gegenspieler der Zukunft« (Rainer Bucher). Religion versus Geldsystem! Es spielen viel mehr Faktoren mit. Es gibt bedeutend mehr Akteure als nur diese beiden. Religion spielt selbstverständlich eine wichtige Rolle, aber die Zivilgesellschaft genauso wie Wirtschaft und Finanzsektor oder die Politik mit den Parteien, die Medien, das Internet – es ist eine ganz komplexe Welt, die langsam zu einem globalen Verantwortungsbewusstsein zusammenwachsen kann. Da ist die Stimme eines solchen Papstes wichtig, aber zugleich auch zur Kritik die Ermutigung!

Was im Namen der Religion angefangen und zum Teil horribel umgesetzt wurde, hat oft mit Religion gar nichts zu tun. Und so gesehen ist Religion zwar immer noch ein ganz mächtiger, wichtiger Wirkungsfaktor, aber eher nur einer. Daneben gibt es eine ganze Reihe von anderen Faktoren, die intellektuelle wissenschaftliche Suche; die Kultur, die ein eigenständiger Faktor ist und ganz andere Prioritäten und Gedanken hat; die Wirtschaft, die Finanzmächte, die Politik, die Medien. Das ist insgesamt ein sehr komplexer Prozess, der nicht auf zwei Faktoren allein reduziert werden kann, auch nicht auf die Ethik allein. Das würde sogar verletzend sein. Warum sollen nicht Künstler, die gar nicht religiös motiviert sind, ethische Komponenten einbringen? Auch Unternehmer haben eine oftmals starke ethische Sensibilität.

Man kann nur einem dienen – Gott oder dem Mammon

Zulehner: Bei Franziskus scheint manchmal die Alternative auf: Entweder dienst du der Gier oder dem Menschen.

Schüssel: Gier ist nicht gleichzusetzen mit Gewinnstreben. Das ist schon ein großer Unterschied. Diese plakativen Vereinfachungen bringen wenig. In einer intellektuellen Diskussion ist die holzschnittartige Reduktion auf gut-böse, richtig-falsch, weiß-schwarz, Feind-Freund, Gier versus Ethik nicht hinreichend. Es gibt unzählige Variationen und Schattierungen dazwischen. Jeder Mensch hat das Recht, seinen Lebensunterhalt selber zu bestreiten. Jeder Mensch hat das Recht, für seine Arbeit entsprechend entlohnt zu werden, ob Unternehmer oder Arbeitnehmer. Ein Unternehmer hat das Recht, für seine Arbeit, für den Mehrwert, den er einbringt in die Veredelung eines Produkts, auch einen entsprechenden gerechten Gewinn zu erwirtschaften. Das ist selbstverständlich und das ist legitim. Es gibt auch entsprechende Enzykliken dazu.

Ich glaube auch nicht, dass man aus den 2000 Jahre alten Sätzen der Bibel quasi ein ganzes heutiges Wirtschaftssystem ableiten kann. Dagegen habe ich mich immer gewehrt. Jesus hat nicht das marktwirtschaftliche System insgesamt verurteilt, indem er die Geldwechsler aus dem Tempel vertrieb. Er machte auf Missstände aufmerksam und wollte sie nicht tolerieren. Und so müssen auch die heutigen Christen unterscheiden, was richtig und zulässig ist und in welche Balance wir die verschiedenen Ziele und Wertstellungen bringen müssen. Das ist der Punkt. Das ist die Kunst einer erwachenden und erwachsenen Welt, einer mündigen Gesellschaft, eines mündigen Bürgers.

Zulehner: Muss man also sagen, jedes wirtschaftliche System hat daher seine Unvollkommenheit, und der Papst hat das Anliegen, dem bestehenden System, das ein »Recht« hat, unvollkommen zu sein, mehr Menschlichkeit zuzumuten?

Schüssel: Das ist fraglos so. Das kann er auch durchaus mit harten Worten machen.

Zulehner: Er sagt ja zum Beispiel: Es gibt junge Menschen heute, die weder Zugang zu einer Arbeit haben noch zur Bildung und daher überhaupt keine Chancen mehr vorfinden in den Systemen, in denen sie faktisch leben.

Schüssel: Das stimmt. Aber man muss auch manchmal dazu sagen, warum das so ist. Dann muss man auch den Mut haben zu sagen, dass zunächst Arbeitsgesetze so sind, dass die älteren Arbeitnehmer so stark geschützt werden, dass ein wirtschaftlich denkender Unternehmer keinen Jungen mehr aufnimmt, weil er unter Umständen in einer wirtschaftlichen Krise niemand mehr kündigen kann und die Firma zugrunde geht: Dann muss man dort auch den Mut haben zu sagen, das ist nicht in Ordnung. Zu Recht erwartet aber niemand von einem kirchlichen Amtsträger, dass er ein komplettes wirtschaftliches Alternativsystem auf den Tisch legt.

Zulehner: Das schreibt der Papst auch ausdrücklich, dass er das nicht als seine Aufgabe ansehe.

Schüssel: Und er hat Recht damit. Der Politiker aber muss in der Praxis sagen, was konkret geschehen soll. Das erwartet niemand vom Papst, Bischof, einem kirchlichen Würdenträger oder einem engagierten Laien, der aus einem christlichen Lebensverständnis heraus einen Missstand kritisiert. Aber praktische Politik muss das leisten.

Zulehner: Aber heißt das, der Papst erwartet sich eine Politik, die auch der Wirtschaft an dieser Stelle sagt: Hier sind Unmenschlichkeiten im System faktisch enthalten, die man überwinden muss. Nicht das System muss man überwinden, nicht die Wirtschaft, aber die Unmenschlichkeiten.

Schüssel: Dazu weist er auf die Probleme hin. Ich finde es auch richtig, wenn er sagt: Das Mittelmeer darf kein Massenfriedhof werden. Das kann nicht heißen – sage ich wiederum dazu –, offene Türen für jedermann zu verlangen, weil das nicht funktioniert. Das würde kippen.

Aber richtig ist, so wie es ist, kann es nicht weitergehen. Man muss den Herkunftsländern helfen. Man muss versuchen, eine entsprechende Vereinbarung mit den Küstenländern zu treffen, dass kriminelle Schlepper nicht ungehindert ihre Geschäfte machen können zu Lasten der Ärmsten der Armen. Das kann und wird nicht erwartet werden vom Papst – das Kritisieren eines Missstandes ist völlig legitim. Aber die praktische Politik muss sich anstrengen, dafür eine vernünftige Lösung zu finden, was aber nicht immer einfach ist, wie wir wissen.

Soziale Ungerechtigkeit als Kriegspotential

Zulehner: Eine durchgängige These in der Soziallehre ist ja auch: Je mehr Ungerechtigkeit, desto mehr Kriegspotential.

Schüssel: Da zögere ich ein wenig. Kann man wirklich alles auf eine Ursache zurückführen? Die soziale Ungerechtigkeit ist selbstverständlich ein Übel, das an der Wurzel vieler Konflikte stehen kann.

Es gibt aber auch ganz andere: religiöse Konflikte – siehe Nigeria. Wer einen islamischen Gottesstaat im Norden Nigerias errichten will oder in Teilen von Syrien, dem ist völlig egal, ob soziale Gerechtigkeit da ist oder nicht. Sondern jeder, der nicht für uns ist, sich nicht bekehren lässt oder flieht, wird umgebracht. Das hat nichts mit sozialer Ungerechtigkeit zu tun.

Es gibt ethnische Konflikte. Die Krimtartaren sind nicht wegen bestehender Ungerechtigkeit oder ihrer Religion, sondern aus anderen Gründen ausgesiedelt worden.

Es können ökonomische Gründe sein, etwa die Ent-Kulakisierung unter Stalin, die 100.000nde Bauern in der Ukraine vernichtet hat und zu einer Hungersnot mit 3–4 Millionen Toten geführt hat. Auch das hatte nichts mit sozialer Ungerechtigkeit zu tun, sondern mit ganz klaren politischen Zielsetzungen – Zerschlagung einer bestimmten agrarischen Grundstruktur, die sie nicht wollten. Oder die Kosaken mit ihrer freiheitlichen, eigenständigen, ziemlich widerspenstigen Grundhaltung, die in das kollektivistische System nicht hineingepasst haben, die mussten weg und sind praktisch ausgerottet worden. Es gibt viele religiös motivierte Konflikte, wie der Kampf Karls des Großen gegen die »heidnischen« Sachsen. An einem Tag wurden 5–6000 Sachsen umgebracht.

Das war zwar religiös motiviert. In Wirklichkeit ging es um räumliche Expansion und Unterwerfung. Das Gleiche unter Hitler. Die Ukrainer und die Slawen waren für ihn ethnische Untermenschen. Da ging es nicht um soziale Konflikte, sondern um eine rassistisch begründete Eroberung von Lebensraum.

Vorsicht also mit eindimensionalen Erklärungen. Soziale Ungerechtigkeit kann ein Thema sein – ein wichtiges Thema –, das ist aber meiner Meinung nach noch am leichtesten bekämpfbar. Da gibt es durchaus Methoden und Entwicklungen, wie man diese überwinden kann. Bei anderen Ursachen ist das viel schwieriger.

Zulehner: Was man ja im Nahen Osten gut analysieren kann, wie multikomplex die Lage ist.

Was würdest du dem Papst raten?

Zulehner: Wenn ich dir zusammenfassend als erfahrenem Wirtschaftsminister die Frage stelle, was würdest du dem Papst raten?

Schüssel: Der Papst braucht von mir keinen Rat. Er soll vor allem er selber bleiben. Ich finde, dass das das Beste ist. Es ist sein Geschenk. Es ist großartig, was die Päpste geleistet haben, die ich persönlich kennenlernen durfte – Franziskus leider noch nicht –, aber die anderen habe ich kennenlernen dürfen. Das waren beeindruckende, teils charismatische oder höchst intellektuelle Persönlichkeiten. Alle redlich und von großer Verantwortung getragen, mit ganz unterschiedlichen Themenschwerpunkten. Papst Johannes Paul II. war natürlich die treibende Kraft für die Wiedervereinigung des europäischen Kontinents. Er hatte einen großen Anteil daran, dass das wirklich gelungen ist. Benedikt XVI. ist ein hochinteressanter Intellektueller, der in seinen Schriften, vor allem in seinen frühen Schriften, bis heute spannend zu lesen ist und durchaus in dieser Übergangsphase nach Johannes Paul II. eine wichtige Rolle gespielt hat …

Papst Franziskus und Europa

Zulehner: Er war wohl der letzte europäische Papst – ganz auf Europas relativistische Kulturentwicklung bezogen, das war sein Haus- und Leibthema ...

Schüssel: ... wobei das von Franziskus zum Teil auch aufgegriffen wird. Der Relativismus, der Konsumerismus – da gibt es große Berührungspunkte mit Benedikt XVI. Und ich finde, dass Franziskus, der erste, der nach langer Zeit wieder von außen nach Europa hereinwirkt, eine ungemeine Befruchtung für uns selber ist, nachzudenken, innezuhalten, sich provozieren = herausrufen zu lassen aus unserer eigenen Bequemlichkeit. Wobei mich sein Bild von Europa ein wenig enttäuscht hat. Seine Rede im EU-Parlament, in der er die Müdigkeit und Selbstbezogenheit und das Großmütterliche kritisiert hat – abgesehen davon dass ich meine, Großeltern sind etwas ungemein Wichtiges gerade in der heutigen Gesellschaft. Der Papst hat hier in mancher Hinsicht zu kurz gegriffen. Gerade das europäische Lebensmodell bietet für die Belange, die ihm sehr wichtig sind, eine Fülle von positiven Antworten. Natürlich ist es richtig, dass das heutige Wirtschaftssystem, unser heutiges Lebensmodell schneller und fordernder geworden ist. Aber man darf auch nicht vergessen, was wir heute an Freiheiten, einem Reichtum an Möglichkeiten dazugewonnen haben. Richtig ist, dass beispielsweise jetzt die Familie stärker unter Druck ist, auch durch die Berufstätigkeit der Frau – auf der anderen Seite ist es insgesamt aber eine positive Entwicklung. Die Hälfte der Menschheit wird nicht mehr in einem einzigen Rollenbild festgehalten. Es haben sich für die Frauen ganz wesentliche Freiheiten und Möglichkeiten ergeben. Die Eltern haben im Durchschnitt mehr Zeit für ihre Kinder als früher. Die Freizeitmöglichkeiten sind ganz anders geworden. Die materiellen Möglichkeiten haben sich in Europa in Summe innerhalb von ein, zwei Generationen verbessert. Das sind doch gute Entwicklungen, auch in der Kommunikation. Was heute aber im Weltbewusstsein präsent ist, früher keinen Menschen interessiert hat: die Ungerechtigkeiten in Afrika oder Menschenrechtsverletzungen in China oder die Krim oder ... – das lässt uns nicht kalt. Das ist insgesamt – finde ich – eine positive Entwicklung in Europa. Das sollte man nicht von vornherein als müde oder als inward-looking oder als großmütterlich abtun. Ich finde, dass Europa noch immer ein gutes Leuchtfeuer für die Entwicklung der Menschheit von morgen sein kann.

Eine arme Kirche für die Armen

Zulehner: Der Papst wünscht sich eine »arme Kirche für die Armen«. Was heißt das dann auf dem Hintergrund unseres Gesprächs? Was kann man als durchschnittlicher gut verdienender Mensch in Europa damit anfangen?

Schüssel: Sicher ist die Kirche von heute die Verwalterin eines großartigen Vermögens. Das ist durch die Jahrhunderte gewachsen. Ich meine gebautes Vermögen, Kirchen, Kunstschätze, Gebäude. Das ist zwar bewahrenswert – es wäre ein großer Fehler, dies auf einmal aufzugeben. Aber es darf nicht alles sein. Die Kirche darf nicht die Hausmeisterin der gebauten Immobilien der letzten fünfhundert Jahre sein, sondern das Wichtige ist das Immaterielle, die dienende Funktion und das Prioritäre, das Dasein für die, die sich nicht selber helfen können, die in Not sind, das ist nicht unbedingt materielle Not, das kann Einsamkeit, das kann eine existentielle Lebenskrise sein …

Zulehner: Der Papst nennt selbst als die beiden großen Herausforderungen für die Kirche die Einsamkeit der Alten und die Jugendarbeitslosigkeit …

Schüssel: … da hat er völlig Recht – auch bei Jungen die Orientierungslosigkeit, die Überforderung der Arbeitswelt, eines Unternehmers, der in einer wirtschaftlichen Krise nicht mehr hinaussieht, oder eines Mitarbeiters, der plötzlich gekündigt wurde, aber auch von Eheleuten, die in einer Krise stecken, oder Kindern, die mit Drogen, Mobbing oder vielen anderen Problemen nicht fertig werden.

Zulehner: … wo der Mensch der Heilung bedarf …

Schüssel: … die Kirche muss Leib- und Seelsorgerin sein. Die Armut ist dann so zu verstehen – so würde ich es interpretieren, so glaube ich, ist es auch gemeint –, dass man sich nicht durch Kardinalspurpur, goldene Kelche, Bischofsstab oder sonstige liturgische Accessoires blenden lassen darf, sondern dass man die dienende Funktion jedes Einzelnen, auch jedes einzelnen Christen an dieser Welt in den Vordergrund stellt. Das ist – so glaube ich – der wichtige Punkt. Und dass diejenigen, die etwas haben, die sich selber zu helfen wissen, leichter durchkommen als jene, die das nicht können, ist auch klar. Die Priorität muss denen gelten, die in Not sind. Das ist keine Frage.

Armut wird dann richtig verstanden, wenn sie umfassender gedacht wird: als Lebensnot – es fehlt mir ein wenig das Vokabular dafür. Es ist eben nicht nur materielle Armut – das wäre ein Missverständnis. Es ist wichtig und notwendig, sie zu bekämpfen, aber ich glaube, der Papst hat das auch in einem umfassenderen Sinn gemeint.

Der Papst innerkirchlich

Zulehner: Möchtest du noch eine abschließende Bemerkung anbringen?

Schüssel: Dieser Papst ist insgesamt eine großartige Persönlichkeit. Dass er sich die Kurie vornimmt und reformieren will; dass er versucht, einiges in Frage zu stellen, braucht es eine Vatikanbank, braucht es eine so große Kurie, muss man das so organisieren? Das stört manche, die ihn kritisieren, dass er vom Podest heruntersteigt. Dass er sagt: Ich bin gewiss ein primus, aber ein »primus inter pares«. Ich will den Bischöfen eine wichtigere, gleichrangigere und höherwertige Rolle geben – sie sollen mich beraten, sie sollen mir auch die Chance geben, diese unglaublich differenzierte Welt besser zu verstehen.

Zulehner: ... und die Weltkirche zugleich ...

Schüssel: ... die Weltkirche wird wahrscheinlich viel weniger zentralistisch geführt werden müssen. Warum soll man bestimmte Themen wie das Zölibat oder die Frage der Geschiedenen oder das ökumenische Gespräch – warum soll dies nicht in einem regionalen Kontext unterschiedlich bearbeitet werden?

Zulehner: ... er soll einem brasilianischen Bischof mündlich gesagt haben, er solle es doch mit »viri probati« probieren ...

Schüssel: ... ja – warum nicht?! Das würde kein Jota von der zentralen Botschaft des Christentums wegnehmen– überhaupt nicht! Ein spannender Versuch!

Zulehner: ... Was zusammenhält ist dann nicht der Zentralismus, sondern das Evangelium ...

Schüssel: ... genau so. Wobei wir das, was wir vom Islam verlangen, dass er den Koran zeitgemäß interpretiert, auch mit dem Evangelium tun müssen. Ich kann nicht nur von der ökonomischen Wirklichkeit des Jahres Null bis 33 ausgehen, wo eine agrarische Gesellschaft mit einigen Schafherden, Händlern und Weinbauern Realität war, wo es keinen einzigen Industriebetrieb gegeben hat, Mobilität, Technik, Kommunikation Fremdworte waren.

Zulehner: ... und keinen Heimroboter wie im Haus der Barmherzigkeit ...

Schüssel: ... da kommen Dinge auf uns zu, wo Kirchen, die Religion, die Weltanschauung noch viel mehr gefragt und gefordert werden wird. Die Medizin kann heute schon 80–90 % des menschlichen Körpers ersetzen, rein theoretisch, nach und nach. Wir stehen erst am Beginn der Entwicklung des Gehirns. Es wird noch unglaubliche Veränderungen geben, die uns auch ethisch und sozial herausfordern. Da wird es ein neuartiges Auseinanderklaffen geben zwischen jenen, die dazu Zugang haben, und den anderen, die nie eine Chance haben, so etwas zu entwickeln. Es wird eine ganz kleine Gruppe sein, eine Elite, das wird noch ein Riesenthema werden. Darüber haben wir uns noch viel zu wenige Gedanken gemacht.

Zulehner: Danke, Wolfgang Schüssel, für das spannende und differenzierende Gespräch.

»Teilen statt töten«:
Anmerkungen von Friedhelm Hengsbach SJ

Pater Friedhelm Hengsbach, wie der Papst auch Jesuit, ist Sozialethiker. Er hat soeben ein Buch mit dem Titel »Teilen statt töten« herausgebracht. Vor einer Präsentation des Buches in Salzburg war er Gast in der ORF-Sendereihe »Von Tag zu Tag«. Seine Gesprächspartnerin war Frau Elfi Geiblinger. Hier ein Ausschnitt aus dem markanten Gespräch.[129]

Geiblinger: Wo sehen Sie, Herr Professor, die Hauptursachen für die momentanen Konflikte in der Welt?

Hengsbach: Ich bin der Meinung, dass wir im Augenblick betroffen sind von dem, was wir in der Welt wahrnehmen, nämlich das zunehmende Töten: in der Ukraine, im Nahen Osten, in Afghanistan, im Irak. Und diese Betroffenheit erhöht die Neigung, dass wir in erster Linie die Auseinandersetzung der Kriegsparteien im Auge haben und dass dazu die religiösen Dimensionen, die in diesen Kriegen und Auseinandersetzungen sichtbar werden, auch uns am meisten beschäftigen. Ich bin dagegen der Meinung, dass wir hinter der religiösen Auseinandersetzung die kulturelle und vor allem die soziale und wirtschaftliche Auseinandersetzung sehen müssen. Und dann könnte man der Meinung sein, dass hinter diesen anscheinend religiösen und kulturellen Konflikten der Nord-Süd-Konflikt, der weit in die Kolonialzeit hineingeht, eine große Rolle spielt. Dass der Westen Gewalt anwendet, und wenn er nicht mit Waffen tötet, aber doch menschliche Lebenschancen in der Dritten Welt in besonderer Weise einschränkt. Sie müssen auch uns beschäftigen. Wenn wir den Hintergrund des Attentats in Frankreich ausleuchten, wer diese Jugendlichen gewesen sind: In welchem Milieu sind sie aufgewachsen, welche Lebenschancen haben sie gehabt, welche Möglichkeiten, einen Arbeits- oder Ausbildungsplatz zu finden, haben sie gehabt, in welcher Weise sind sie integriert worden in die französische Kultur und welche Möglichkeiten haben sie wirklich gehabt, Teil der französischen Welt, der französischen Bevölkerung zu

---

129 Friedhelm Hengsbach hat diese Passage leicht überarbeitet und dankenswerter Weise für die Publikation an dieser Stelle freigegeben.

werden und nicht nur in Frankreich zu leben, sondern wirklich von Frankreich her ihr Leben zu gestalten?

Geiblinger: Sie zitieren Papst Franziskus, wie schaut es in dieser Richtung mit der Rolle der Kirche aus, wenn es um die Betrachtung der Wirtschaft und ihre Auswirkungen geht?

Hengsbach: Ich berufe mich auf das Wort des Papstes Franziskus, der sagt: »Diese Wirtschaft tötet.« Das Wort hat in Deutschland eine heftige Empörung bei den Wirtschaftsjournalisten hervorgerufen. Aber wenn wir die gegenwärtige Welt beobachten, hab ich den Eindruck, dass er wirklich prophetisch geredet hat. Dass es, wenn wir nicht teilen, zu gewaltigen Konflikten kommt, dass soziale Ungleichheit am Ende Gewalt hervorbringt – das meine ich, können wir in der Welt gegenwärtig beobachten.

Papst Franziskus, der wie er sagt, vom Ende der Welt herkommt und natürlich vieles aus einer anderen Perspektive betrachtet als wir mehr oder weniger reichen Industrieländer oder gesättigten Europäer es tun. Wenn er diese Weltperspektive im Blick hat, dann denke ich, dass er zu anderen Aussagen kommt als z. B. die deutschen Journalisten, die sagen: Wir haben die soziale Marktwirtschaft – für Österreich wird es ja wahrscheinlich ähnlich gesagt werden können – und natürlich gibt's am Rand Arbeitslosigkeit, und am äußersten Rand auch Armut und alleinerziehende Frauen – überhaupt die Frauen sind insgesamt benachteiligt im Erwerbsleben und auch sonst in ihren Lebenschancen – aber im Kern ist doch diese Wirtschaft, ist diese Gesellschaft gesund. Natürlich ist da ein Hauch von Arroganz spürbar, der sich darin ausdrückt, der die Perspektive des Ganzen ausblendet und nicht auf alle Menschen in Österreich, in Deutschland und schon gar nicht auf alle Menschen in der Welt. Der größere Teil der Weltbevölkerung steht tatsächlich am Rand. Einige kommen in die Mitte, mehr und mehr, aber der größere Teil steht wirklich am Rand, ist ausgegrenzt und ausgeschlossen. Ohne ihn und über ihn hinweg wird entschieden. Die soziale Ungleichheit und gesellschaftliche Polarisierung haben auch in den europäischen Ländern extrem zugenommen.

Geiblinger: 20% der Weltbevölkerung verbrauchen 80% aller Ressourcen. Und die ärmsten 20% der Welt müssen mit 1,5% der Produkte, der Konsumgüter, der Ressourcen auskommen. Es leuchtet jedem ein, dass das alles andere als gerecht ist, dass es so nicht weitergehen kann. Aber was tut man tatsächlich dagegen? Was tut einer in unseren Ländern, der überzeugt ist, das kann so nicht sein. Welche Möglichkeiten hat er? Wo sehen Sie die Lösungen?

Hengsbach: Sie haben eben die Kirchen angesprochen. Es ist klar, dass es nicht die Kirchen gibt und auch nicht die Kirche. Sondern dass selbst in der Kirche ein vertikales Schisma entsteht – wie in den Gewerkschaften, in den Parteien und in den Staaten zwischen den Führungseliten und breiten Bevölkerungsgruppen. Bei den Solidaritätserweisen unter der Parole: »Je suis Charlie« haben Spitzenpolitiker Arm in Arm den Schulterschluss miteinander gesucht, auch wenn einige unter ihnen daheim ein diktatorisches Regime anführen.

Wer sind die Kirchen? In den Kirchen gibt es viele Gruppen, Initiativen, Bildungshäuser, Hilfswerke wie Brot für die Welt, Caritas Österreich bildet ein Dach für zahlreiche Gruppen mit Zivilcourage. An der staatlichen Entwicklungshilfe vorbei werden in entlegenen Dörfern Brunnen gebohrt, damit die Bewohner klares Wasser trinken und Kinder Medikamente erhalten, damit sie eine Schule besuchen können und sich ihnen Zukunftsperspektiven eröffnen. Wie Papst Franziskus beispielsweise das Ertrinken oder Ertränktwerden von 3000 Flüchtlingen im Mittelmeer anklagt und wie er die Europäer aufruft, aus ihrer Gleichgültigkeit herauszutreten, das ist schon ungewöhnlich. So zu reden, das traut sich in der Regel kaum einer der Bischöfe. Eine solche Tonlage des Prophetischen in der Kirche muss noch durchsickern auf Bischöfe, auf Pfarrer und viele Christen, die in den Gemeinden aktiv sind.

Geiblinger: Sie glauben wirklich, dass das etwas ändern würde? Es gibt Organisationen, Einrichtungen schon seit langem, die versuchen, Menschen, die schwerst benachteiligt sind, wenigstens etwas auf die Beine zu helfen. Aber was ändert das am Gesamtzustand? Es gibt einige wenige, die schaffen es dann, es geht ihnen ein wenig besser. Das ändert aber unser Wirtschaftssystem nicht. Und die Produktion von Ungleichheit wird Tag für Tag fortgesetzt. Wie ändern wir die?

Hengsbach: Durch persönliches Engagement, persönliche Umkehr ist wahrscheinlich nur begrenzt etwas zu ändern. Man kann nicht ein richtiges Leben führen in falschen Strukturen. Wenn Strukturen korrupt sind, ist ein tugendhaftes Handeln unwahrscheinlich. Das ist richtig. Andererseits stelle ich auch Lernprozesse fest – sowohl in den Regierungsorganen als auch in Parteien, Gewerkschaften und in der Zivilgesellschaft, selbst in Unternehmen. Ich denke, diejenigen, die in verfestigten Strukturen täglich ihren Alltag als Politiker bewältigen müssen, sind gebunden durch alle möglichen sogenannten Sachzwänge. Aber woher kommen dann die Reformideen? Woher ist praktisch die Energiewende auf den Weg gebracht worden? Es waren zivilgesellschaftliche Bewegungen, etwa die ökologische Bewegung. Wieso ist es gelungen, dass Frauen in verstärktem Ausmaß kontinuierlich in Erwerbsarbeit hineinkommen und schließlich auch mehr oder weniger höhere Einkommen beziehen, als es noch vor etwa zehn Jahren der Fall war. Das war die Frauenbewegung. Es treten immer wieder Bürgerinitiativen auf, gesellschaftliche Initiativen, die etwas Neues anstoßen und dann auch das System verändern. Auch was die internationalen Beziehungen, was die militärischen Auseinandersetzungen angeht. Ohne den Widerstand und die Rebellion in der Gesellschaft wäre es wahrscheinlich nicht möglich gewesen, dass Panzerlieferungen an Saudi-Arabien von Deutschland aus gegenwärtig gestoppt werden. Es wäre auch nicht möglich gewesen, dass Griechenland und Österreich offiziell erhebliche Vorbehalte gegen die Sanktionspolitik gegenüber Russland anmelden. Es sind Proteste und Widerstand aus der Gesellschaft heraus in die Politik hinein, die gegenwärtig in Europa einen Kurswechsel erzwingen – weg von den reinen Sparmaßnahmen hin zu realen Investitionen, die mehr Beschäftigung und höhere Lebensqualität hervorbringen. Es gibt erste Anzeichen dafür, dass der hegemoniale Anspruch einer schwarzen Null öffentlicher Haushalte einerseits und privaten Reichtums einer alternden Bevölkerung andererseits, der von Deutschland aus propagiert und den südeuropäischen Ländern mit einer relativ jungen Bevölkerung auferlegt wird, nicht weiter aufrecht zu erhalten ist. Die eigentlichen Probleme der Beseitigung von Armut und Arbeitslosigkeit sowie die Leiden der Bevölkerung lassen sich so nicht beheben.

Geiblinger: Reden wir noch über Wirtschaft, Gerechtigkeit und gerechte Verteilung in der Welt. Sie scheinen jedenfalls optimistisch zu sein und sagen: Wenn genug Bürgerbewegungen entstehen, dann wird sich da etwas ändern. Sind Sie wirklich überzeugt davon? Wenn man sich die Konfliktherde der Welt anschaut, haben Sie einmal gesagt, dann ist das lange deckungsgleich gewesen mit Ölvorräten und inzwischen geht es auch um Wasser. Und das wird vielleicht der Konflikt der Zukunft sein. Sind Sie wirklich optimistisch, dass einzelne Bürgerbewegungen da etwas ändern können?

Hengsbach: Vor Jahrzehnten hatte man gesagt, dass in den Kirchen, unter den Christen ein solches Widerstandspotential vorhanden sei, dass eine soziale Ungleichheit, wie sie derzeit in der Welt existiert, nicht existieren könne. Das kann man heute nicht mehr so vollmundig behaupten. Der Einfluss der christlichen Kirchen als auch der Einfluss christlicher Kulturen geht zurück. Aber es gibt Bündnisse des Widerstands gegen den politischen Hauptstrom über konfessionelle, parteipolitische oder auch kulturelle Grenzen hinweg. Globale Nicht-Regierungs-Organisationen wie Greenpeace oder Amnesty international, die den politisch Mächtigen den Widerspruch zwischen ihren Reden und Taten vorhalten. Die Bewegung Oxfam hat vor wenigen Tagen den in Davos versammelten wirtschaftlichen und politischen Eliten einen Bericht über die Schieflage der Verteilung der Einkommen und Vermögen vorgelegt. Die Äußerung des Papstes Franziskus über die soziale Ungleichheit, die Gewalt auslöst und die Demokratie untergräbt, hat der französische Wirtschaftswissenschaftler Thomas Piketty wissenschaftlich bestätigt. Wenn der Staat oder wenn die Gesellschaft nicht gegensteuern, wird sich der Anteil derjenigen, die ein Vermögenseinkommen beziehen, extrem erhöhen – während 300 Jahren ist die Kapitalrendite immer schneller und höher gestiegen als das Volkseinkommen oder Arbeitseinkommen. Mit zwei Ausnahmen: Zum einen sind die Vermögen vernichtet worden während der zwei Weltkriege, und zum andern haben die Staaten in der jeweiligen Nachkriegszeit eine intensive Sozialpolitik eingeleitet, welche die unteren Einkommen stärker am gesamtwirtschaftlichen Wohlstand beteiligt hat, und zum anderen die höheren Einkommen und höheren Vermögen stärker besteuert. Etwas skurril klingt es, dass im Mai dieses Jahres die 300 reichsten Menschen der Welt und Gruppen, die insgesamt über ein Vermögen von 30 Billionen

US-Dollar verfügen, sich in London unter Beteiligung der Geschäftsführerin des IWF Christine Lagarde und des Notenbankchefs von Großbritannien getroffen haben. Was haben sie gefordert? Einen »inklusiven« Kapitalismus. Einen Kapitalismus, in dem die Politiker und Unternehmer nicht meinen, der Kuchen müsse bloß immer größer werden in der Erwartung, dass am Ende einer Durststrecke auch die unteren Einkommensschichten davon profitieren. Vielmehr muss in diesem Kapitalismus gewährleistet sein, dass die unteren Einkommen am allgemeinen Wohlstand stärker beteiligt werden. Wenn sogar die exklusiv Reichen sagen, es könne so nicht so weitergehen, ohne dass das System kollabiert, und deshalb eine strukturelle Reform verlangen, scheint ein politischer Gezeitenwechsel gar nicht unwahrscheinlich zu sein.

Frau Rat[130]: *Ich möchte den Herrn Professor fragen, ob nicht die Aufweichung des Spargedankens, die man doch bereits spürt, durch den Schub, den Griechenland auslöst, ob diese Aufweichung nicht der Beginn des Teilens ist. Denn in irgendeiner Weise muss ja die Geschichte finanziert werden. Und das geht in Europa nur dadurch, dass die reicheren Länder des Nordens dem Süden beistehen, und zwar nicht nur durch Borgen, sondern eben auch durch Schenken. Das wäre ein Beginn des Umdenkens.*

Hengsbach: Ich seh' das genauso. Ich sehe auch einen wachsenden Konflikt, der sich in absehbarer Zeit entladen wird, zwischen der von der deutschen Regierung verlangten Sparwut einer schwarzen Null, die krankhafte Züge annimmt, und den Lebensinteressen einer jungen Bevölkerung, die beschäftigt sein und ein angemessenes Einkommen erzielen will. Ein hegemoniales Regime, das öffentliche Einrichtungen privatisiert, Lohnsenkungen und Rentenkürzungen erzwingt, öffentlich Beschäftigte und Jugendliche in die Armut und in eine Arbeitslosigkeit treibt, die in Griechenland und Spanien 50 % beträgt, fährt nicht nur die Solidarität der europäischen Verträge gegen die Wand, sondern die Demokratie in Europa selbst. Der Protest, den die vom Volk gewählte griechische Regierung äußert, ist nicht die Stimme einer Krise in Griechenland, sondern einer europäischen Krise, in deren Verlauf die monetäre Sphäre, der Konflikt zwischen Gläubigern und Schuldnern eine

---

130   Eine Anruferin in der Sendung von Tag zu Tag.

größere Rolle spielt als der Konflikt zwischen dem Verlangen der Armen, die Arbeit und Einkommen suchen, und dem Beharren der Reichen darauf, dass ungerechte Verträge, die das eigene Vermögen sichern, eingehalten werden. Wir erleben einen Nord-Südkonflikt um die Rückkehr zu einer europäischen Solidarität oder deren Verweigerung. Bisher hat die Europäische Zentralbank gegen den Widerstand der Deutschen und hinter dem Rücken der europäischen Regierungen damit angefangen, diese europäische Solidarität zu praktizieren, indem sie die Euro-Überschüsse der Deutschen auf dem Weg des Saldenausgleichs in die von der Krise besonders betroffenen Länder zurückgeschleust hat. Ich denke, dieses Beispiel wird Schule machen und die Angleichung der Lebensverhältnisse in den Mitgliedsländern zurückgewinnen, welche die Europäischen Verträge an zahlreichen Stellen anstreben, nämlich den wirtschaftlichen, sozialen und regionalen Zusammenhang sowie die Solidarität zwischen den Mitgliedsländern der Europäischen Union zu fördern.

Für eine Kirche des Erbarmens: Ehe und Familie in moderner Kultur

Von der Krise der halbierten Liebe – Hintergründiges zur Familiensynode 2015

Von der »Ehe« zum Lieben

»Unsere Mütter, unsre Väter, sagten: Liebe kommt erst später.« So singt der Milchmann Tewje in Anatevka. In der Tat, die längste Zeit wurden Menschen verheiratet. Die Wiese sollte zur Wiese finden, hieß es im bäuerlichen Bereich. »Tu felix Austria nube«: auf diese Weise haben die österreichischen Herrscher ihr Reich vergrößert. Es war und ist bis heute auch nicht immer erforderlich, dass die Eheleute einander vor der Hochzeit kennenlernen. In einer Zeit, in der Ehefrauen unter das Eigentumsrecht fielen, war dies auch nicht nötig. Eine hundertjährige Burgenländerin, die ich am Beginn meiner Vorlesungstätigkeit in Wien 1984 fragte, wie sie ihren Mann kennengelernt und wie sie mit ihm die Zeit vor der Ehe verbracht habe, sagte mir: »Ich habe meinen Mann in der Kirche zum ersten Mal gesehen!«

Zumeist haben in solcher Zeit nicht die Eheleute einander geheiratet: Sie wurden vielmehr von ihren Vätern verheiratet. In manchen muslimischen Familien ist es bis heute für Frauen lebensgefährlich, sich nicht an diese Regel zu halten. 1983 hatte ich mit einer kleinen Reisegruppe auf den Philippinen die Dumagats besucht. Es ist ein Stamm, der heute noch nach den kulturellen Regeln aus Urzeiten lebt. Dort verheiraten die Väter das Paar. Dazu setzen die beiden Männer sich an einen Tisch. Auf diesem liegt ein Holzbrett. Die Väter stoßen zwei Dolche in das weiche Holz. Damit ist die Ehe besiegelt. Die Botschaft ist klar: Wer sich nicht getreu an diese Abmachung hält, ist des Todes. Untreue bedroht eben das Überleben des kleinen Stammes.

Ehepatent 1783

1783 erließ der Aufklärer Joseph II. ein Ehepatent. Nach diesem kam die Ehe durch einen Vertrag zustande, den ein Mann und eine Frau willens waren, aktenkundig zu schließen. Von Liebe war nicht die Rede. Die Entstehungsgeschichte des deutschen Wortes Ehe spiegelt dies wider: althochdeutsch bedeutet ēwa Ehevertrag.

Begründet wurde durch den »Kontrakt« eine unzertrennliche Gemeinschaft mit dem »Zweck«, Kinder zu zeugen. Die Ehe war in den meisten Fällen das Eingangstor in eine Familie. Kinder stellten sich bald ein. Sie waren Altersvorsorge; wurden als Arbeitskräfte und als Soldaten benötigt.

Romantische Liebe war nicht das Ziel des Heiratens. Diese wurde nicht selten aus der Ehe ausgelagert. Die Minnelieder bezeugen diese Kultur der aus der Ehe outgesourcten Liebe. Mätressen umgaben die Mächtigen.

Erstes staatliches Eherecht

So also dekretierte Joseph II. in seinem Ehepatent, das später in Österreich in das Allgemeine Bürgerliche Gesetzbuch (ABGB) Eingang gefunden hat:

§. 22.

Der Ehevertrag (Contract) selbst wird geschlossen, wenn eine Mannsund eine Weibsperson einwilligen, mit einander in eine unzertrennliche Gemeinschaft zu treten, um Kinder zu erzeugen, und der. diesem Stande anklebenden Gerechtsame zu genießen.

Dieses Ehepatent des Kaisers war das erste staatliche Eherecht in einem nachreformatorischen katholischen Land. Bis dahin hatte ausschließlich das katholische Kirchenrecht gegolten. Zwar ging in den Jahrzehnten danach die Zuständigkeit für die Eheschließung zwischen Staat und Kirche noch einige Male hin und her. In Österreich waren solche Stationen das Konkordat von 1855 (Kirchenalleinzuständigkeit), sodann die Maigesetze von 1868 (obligatorische Zivilehe) – das Konkordat wurde

1874 formell gekündigt. 1934 gelangte unter Engelbert Dollfuss im Ständestaat die Eherechtskompetenz wieder an die Kirche, bis 1938 der Nationalsozialismus neuerlich die obligatorische Zivilehe einführte. Die Regelungen zur Eheschließung im Zusatzprotokoll der konkordatären Abschlüsse von 1962 unter Franz König und Bruno Kreisky eröffneten friedliche Verhältnisse – staatliche und kirchliche Eheschließung können nebeneinander bestehen. Eine österreichische Besonderheit ist: Man kann auch allein kirchlich heiraten, was unerwünschte staatliche Konsequenzen vermeiden hilft. Nach dem Krieg betraf das zumeist den Verlust von Rentenansprüchen. Selbst manche informierte Deutsche heiraten auf diese Weise in Österreich kirchlich. Unternimmt dies ein katholischer Pfarrer in Deutschland, macht er sich strafbar.

Tiefgreifende Veränderungen

Joseph II. bildet mit seinem Ehepatent den Ausgangspunkt eines kulturellen Entwicklungsprozesses, der bis heute nicht abgeschlossen ist. Alle Elemente, die 1783 zu einer Eheschließung unbedingt erforderlich waren, sind inzwischen in Diskussion und wurden »ausgeweitet«. Manche reden auch von »Liberalisierung« und meinen freiheitliche Selbstbestimmung des Lebens. Die Menschen in den demokratischen Kulturen Europas wollen selbst die Regie dafür in der Hand haben. Sie entscheiden, wie sie das gestalten, was man herkömmlicherweise »Ehe« und »Familie« nennt und was gesellschaftlich mit Ansehen und (Sonder-) Rechten versehen ist oder ausgestattet sein soll. Dabei wird auch der Inhalt des Begriffs »Ehe« und »Familie« umgebaut. Immer aber geht es um »familiale Lebenswelten«.

Wie tiefgreifend der kulturelle Wandel ist, lässt sich an den Verschiebungen ermessen: Aus dem Vorfindbaren wurde etwas Erfindbares. Aus dem Unantastbaren etwas Veränderliches. Aus dem Glücken der Liebe wurde das Liebesglück. Aus dem Heiligen etwas Weltliches, aus dem Fanum ein Profanum. Aus dem Untrennbaren wurde Trennbares. Aus Ewigem Zeitliches und damit Vergängliches.

Martin Luther scheint die Entwicklung vorweggenommen zu haben: Die Ehe war zwar auch für ihn eine »göttliche Stiftung«, aber kein »Sakrament« im Sinn von etwas unantastbar Heiligem, sondern hinsichtlich der Gestaltung in der jeweiligen Zeit »ein weltlich Ding«. Sie ist nicht nur göttliche (Vor-)Gabe, sondern kulturelle Aufgabe.[131]

Diese Veränderungen beziehungsweise Verschiebungen sind sowohl auf der Ebene des Gelebten wie auf jener des rechtlich Gefassten zu beobachten. Dabei sind es zunächst kulturelle »Vorhuten«, die etwas leben, was kulturell (noch) nicht akzeptiert ist. Haben diese Pioniere, obgleich in der Minderheit, genug politische und zumal mediale Macht, dann kann es durchaus sein, dass sie rechtliche Fassungen ihres Lebensentwurfs politisch durchsetzen, bevor dieser Lebensentwurf breite Akzeptanz genießt. Am Gender-Mainstreaming kann dies gut studiert werden. Manchmal zieht also die Gesetzgebung der Entwicklung nach, hin und wieder geht sie einer solchen aber auch voraus und modifiziert diese. So kann die Straffreiheit etwa der Euthanasie dazu beitragen, dass sie (ungewollt?) zu einem Instrument »sozialverträglichen Frühablebens« (Karsten Vilmar) wird.

Was immer auch zuerst kommt, die Lebenspraxis oder deren rechtliche Fassung: Die kulturelle Entwicklung läuft nicht nur in den einzelnen Ländern, sondern auch in den modernen Bevölkerungen eines einzigen Landes mit unterschiedlichen Geschwindigkeiten. Das führt dazu, dass das verfasste Recht zumeist nicht mehr nur eine Lebensform privilegiert, sondern eine Vielfalt von Beziehungsentwürfen nebeneinander bestehen lässt und mit (gleichen) Rechten ausstattet. Ein gewichtiges Argument für solche »Gleichstellung« verschiedener Lebensgestalten ist der Anspruch auf »choice« im Sinn von Wählenkönnen, also die freie Wahl der Lebensform. Topwichtig ist auch das Vermeiden jeglicher Diskriminierung des jeweils Gewählten.

Bringt eine solche Entwicklung den Kindern, den Alten, den Partnerinnen und Partnern Gewinn oder Schaden? Das zu klären, ist nicht einfach, weil in der Zeit der Entwicklung sich auch die Bewertungsmaßstäbe weiterentwickelt haben. Überlieferte religiöse Maßstäbe zählen zwar, aber nur insofern, als sie die angestrebte Entwicklung nicht behindern, sondern das Gewünschte und Erreichte unter dem »heiligen Bal-

---

131 Abromeit, Hans-Jürgen: Christliche Werte: Ehe und Familie in christlich-biblischem Verständnis, bei Martin Luther und im Wandel der Zeit, Wismar 15.3.2014, http://www.kas.de/wf/doc/kas_12780-1442-1-30.pdf?140425110648

dachin« der Religion[132] zusätzlich legitimiert[133] wird. So wollen viele den Segen Gottes und religiöse Rituale beim Beginn ihrer Beziehung.[134] Sie lehnen es aber gleichzeitig ab, dass Religion diese Beziehung als lebenslang definiert und ein Beenden sanktioniert. Zu den (selektiv angenommenen) religiösen Maßstäben kommen inzwischen neue säkulare Bewertungskriterien dazu. Heute ist einer der Hauptwerte die Vermeidung jeglicher Diskriminierung dessen, wofür sich »Zeitgenossinnen und Zeitgenossen«[135] selber entscheiden.

Zwei Tendenzen lassen sich allerdings beobachten. Eine entscheidende Rolle spielt die Wirtschaft. Von Ökonomisierung des gesamten Lebens ist vielfach die Rede. Die Wirtschaft braucht Arbeitskräfte und kann daher auf gut gebildete Frauen nicht verzichten. Zeit für Kinder (wie auch für Alte oder den Partner bzw. die Partnerin) stehen in der Prioritätenliste der Ökonomie nicht an der Spitze.

Damit verbunden, aber auch nicht identisch, ist der Fokus der Aufmerksamkeit auf die erwachsenen Personen. Die Interessen der Kinder oder der Alten stehen im Hintergrund. So wird etwa bei der Frage der Adoption von Kindern oder bei der Samenspende an lesbische Paare nicht zuerst die Frage gestellt, was solche medizintechnische Innovationen für das betroffene Kind bedeuten. Auch wird nicht diskutiert, was anthropologisch geschieht, wenn aus der »Zeugung« eines Menschen dessen »Erzeugung« wird. Im Vordergrund steht aber zumeist das Wollen von Erwachsenen und deren Anspruch auf durchgängige Gleichstellung. Falls dieser nicht eingelöst werde, komme es zu einer unzulässigen Diskriminierung der Betroffenen. Die rote Diskriminierungskarte sticht die schwachen grünen Karten des Kindeswohls oder der Pflege der alten, behinderten, kranken oder sterbenden Angehörigen.

132 Berger, Peter L.: The sacred canopy. Elements of a sociological theory of religion, New York 1967.
133 Über die unterschiedlichen Legitimationssysteme: Berger, Peter L./Luckmann, Thomas: The Social Construction of Reality, New York 1967.
134 Zulehner, Paul M.: Heirat, Geburt, Tod. Eine pastoral zu den Lebenswenden, Wien u. a. 1987. – Ders.: Übergänge: Pastoral zu den Lebenswenden. Pastoraltheologie Band 3, Düsseldorf 1990.
135 Selbst dies ist bereits eine Formulierung, die letztlich nicht mehr lückenlos stimmig ist, weil sie an ein polares Geschlechterverhältnis erinnert.

Feststeht aber jedenfalls: Seit dem Ehepatent von Joseph II. aus dem Jahre 1783 haben einige tiefgreifende Veränderungen stattgefunden. Einige von ihnen sollen im Folgenden näher erläutert werden.

Vom Vertrag zum Vertragen

Kam es 1783 auf den geschlossenen Vertrag an, zählt für nicht wenige heute nur noch das Vertragen. Nicht mehr auf den Willen kommt es an, sondern auf das Gefühl. Sozialwissenschaftlich formuliert: Die »Ehe« wurde »entinstitutionalisiert«. Sie ist heute zumeist keine von Liebe und Gefühl weithin unabhängige Institution, sondern primär eine emotionale Liebesbeziehung mit einer flexiblen rechtlichen Fassung. »Ehen ohne Trauschein« sind in Paargeschichten zumindest in der Eingangsphase der Normalfall. Manchmal währen solche Beziehungen lebenslang. Selbst Kinder aus gut katholischen Familien leben unverheiratet zusammen, und das ohne jeglichen kulturellen Widerspruch. Auch gläubige Eltern haben sich moralisch damit abgefunden. Der Weg zum Standesamt oder vor den Traualtar verzögert sich zumindest. Man hat den Eindruck, dass lediglich Schwule, Lesben und katholische Pfarrer unbedingt und möglichst bald heiraten wollen.

Wenn dann manche nach längerer gemeinsamer Zeit heiraten, ist es oftmals nicht mehr »Hochzeit«, sondern vielfach »höchste Zeit«: Über 40 % der in Österreich geborenen Kinder kommen »unehelich« zur Welt. Für nicht wenige Paare, die in der generativen Phase ihrer Beziehung in einer katholischen Kirche heiraten, werden im Hochzeits-Gottesdienst gleich zwei Sakramente gefeiert, die Trauung und die Taufe. Das Kombi-Sakrament der »Traufe« ist entstanden, das nicht mehr nur ein Ehesakrament, sondern schon mehr ein »Familiensakrament« ist.

Halbierung der romantischen Liebe

Die »Liebe«, um die es nunmehr geht, wird romantisch empfunden und inszeniert. Vertrauen, Liebe, Treue, Ehrlichkeit, diese »soften« Eigenschaften stehen in Werteforschungen – bei Frauen noch mehr als bei Männern – ganz oben in der Skala der Merkmale einer »idealen Partnerschaft«. Rücksichtnahme, Kompromissbereitschaft, Verstehen, Gesprächsbereitschaft – solche »harte« Eigenschaften rangieren in der Skala hingegen weit unten.[136]

Dem entspricht, dass viele betonen: »Wenn die Liebe stirbt, hört die Ehe auf.« Gemeint ist hier oftmals eine romantische, in ihrer Grundtendenz auf Wohlbefinden, also kuschelige Beziehungswellness angelegte narzisstische Gestalt der »Liebe«. Es ist eine Liebe, aus der gezielt das Leid ausgelagert wird. Die alte Weisheit, nach der wir einem Menschen, dem wir die Liebe beteuern, sagen: »Ich kann dich gut leiden!«, hat weithin ausgedient. Heute meint »Liebe« immer öfter nur noch »die guten Tage« mit der Partnerin, dem Partner. Damit wird die »Liebe« selbst gleichsam »halbiert«. Aus der unbedingten Liebe zum geliebten Du wird eine bedingte Liebe zur »geliebten« Glücksleistung des/der anderen. Sie besteht, solange der/die andere »gute Tage« abliefert. Nicht die Person des/der anderen ist also letztlich gemeint, sondern etwas an ihr/ihm – nämlich die beglückenden guten Tage.

Ehebilder

In einer österreichischen Studie[137] neigen 37 % der Befragten zu dieser Auffassung von »Ehe« und »Liebe«. Es ist in der Bevölkerung die zweitstärkste Gruppe, die Tendenz zu den Jungen hin ist steigend. Diese Gruppe lehnt es auch entschieden ab, dass irgendwelche Hürden errichtet werden, wenn jemand eine solche »Ehe« verlassen will, sobald die »guten Tage« entschwunden sind. Vom Staat fordern sie ein unkompliziertes Ehescheidungs-Recht. Die Gesetzgebung kommt diesem Wunsch auch großzügig nach. Es ist leichter, einem Lebenspartner zu kündigen als einem Untermieter. Einer Kirche sprechen sie überhaupt jegliche Zuständigkeit ab. Überlieferte religiöse Weisungen wie: »Was Gott verbunden hat, das soll der Mensch nicht trennen«, werden rundweg abgelehnt.

---

136 Volz, Rainer/Zulehner, Paul M.: Männer in Bewegung. Zehn Jahre Männerentwicklung in Deutschland. Ein Forschungsbericht, Berlin 2009.
137 Zulehner, Paul M.: Zukunftsforum der Katholischen Kirche in Österreich: Online-Umfrage 2013. Bericht, Wien 2013. Insofern diese Studie von einer kirchlichen Organisation durchgeführt worden ist, kann angenommen werden, dass religionsfreundliche Teilergebnisse eher leicht überdurchschnittlich sind. – Zur Typologie auch: Zulehner, Paul M./Denz, Hermann: Ehescheidung. Zur Meinungslage in Österreich, AfkSDossier2, Wien 1994.

Lediglich für 18% – unter den jungen Befragten sind es 6% – ist heute die »Ehe« mehr ist als ein vom Vergehen bedrohtes Glücksgefühl von zwei Personen. Sie halten sich an das gegebene Versprechen und verbieten sich selbst aus existentiellen wie religiösen Gründen einen Zugriff auf dieses. Sie halten einander auch dann die Treue, wenn die Liebe erkaltet ist. Manchmal ist es ein Vertrag ohne Vertragen, und das in kantigem Gegensatz zum heute bevorzugten Vertragen ohne Vertrag.

Es gibt eine Mittelgruppe (45%), die beide Pole zusammenzuhalten versucht: die Institution mit der Person, den Vertrag und das Vertragen, den Willen und das Gefühl, das Weltliche und das Heilige. Angehörige dieser Gruppe sind durchaus bereit, ihre eheliche Liebe mit der Religion und mit Gott in Verbindung zu halten. Allerdings tendieren auch sie dazu, nicht unter allen Umständen beisammen bleiben zu müssen. Sie wünschen sich von Gott den Engel des Segens am Anfang ihrer Ehe. Aber sie möchten keinen Flammenschwertengel, wenn sie das verlorene Paradies einer zerbrochenen Ehe verlassen möchten. Kirchlich heiraten ist für sie ein hoher Wert. Ein kirchliches Scheidungs- oder gar Wiederverheiratungsverbot lehnen sie aber ab. So denken auch Mitglieder der katholischen Kirche bis in ihren Kernbereich hinein und verlangen deshalb, dass kein Ausschluss von den Sakramenten stattfindet. Halbieren also die einen die Liebe, scheinen andere die Rolle der Religion zu halbieren, und das mit durchaus religiösen Begründungen. Denn sie halten es mit einem Gott, der einerseits die Liebenden zusammenführt und segnet, der aber andererseits, wenn die Liebe aus einem unentflechtbaren Gemenge von Schuld und Tragik zu Ende geht, den Betroffenen neuerlich ein »Leben in Frieden« eröffnet (1 Kor 7,15).

Ehe in neuen Besetzungen

War das Schauspiel einer Ehe nach Joseph II. einem Mann und einer Frau zugedacht, haben sich auf der kulturellen Bühne inzwischen die Besetzungen auf der gesellschaftlichen Bühne des Liebens erweitert. In vielen Ländern ist es heute zulässig, dass eine Lebensgemeinschaft auch von zwei Männern oder zwei Frauen, die einander in Liebe zugetan sind, rechtlich geschlossen wird. In manchen Ländern herrscht noch eine semantische Zurückhaltung, solche Lebensverbünde »Ehe« zu nennen. Das Wort »Verpartnerung« hat sich eingebürgert, ist aber kein schmeichelhaftes Wort. In ihrem kulturellen Rückzugsgefecht haben sich manche Länder entschieden, solche »Verpartnerungen« nicht wie bei »Eheschließungen« auf dem Standesamt vorzunehmen, sondern bei einem Notar.

Immerhin wird heute kulturell akzeptiert, dass es solche Lebensverbünde von gleichgeschlechtlich Liebenden gibt. Die meisten Parlamente haben Verbindlichkeiten, die durch solches verlässliches Zusammenleben wachsen, rechtlich gefasst. Das betrifft das Erben oder auch die Auskunft über den Gesundheitszustand der anderen Person, falls diese ernstlich erkrankt und im Krankenhaus ist.

Nicht wenige durchaus gläubige, homosexuell veranlagte Personen verlangen von ihrer Religionsgemeinschaft, dass diese ihre Lebensgemeinschaft rituell segnet. Es wird eine Gleichstellung vor dem trauenden katholischen Priester oder einer evangelischen Pastorin mit heterosexuellen Paaren gefordert. Wo Kirchenverantwortliche solches nicht zulassen, wird ihnen der Vorwurf gemacht, sie würden nach wie vor Homosexuelle ausgrenzen und diskriminieren.

Ist damit das Ende der Entwicklung hinsichtlich der »Besetzung« im Schauspiel der Lebensverbünde erreicht? Nicht zwingend. Auf einem Fakultätentag der juridischen Fakultät in Graz wurde, immer ein wenig scherzhaft, aber deshalb nicht grundlos, die derzeitige Entwicklung in die Zukunft verlängert. Dabei kam die Frage auf, ob es unbedingt immer nur zwei Personen sein werden, die einander »ehelichen« oder sich »verpartnern«? Muss für immer bleiben, was bisher war? Denkbar sei doch, dass etwa zwei gleichgeschlechtlich liebende Paare sich zu einer Lebensgemeinschaft verbünden und miteinander auch ohne Fortpflanzungsmedizin »eigene« Kinder haben. Warum sollten nicht auch sie miteinander die Rechte von Ehepaaren erhalten – und das schon mit Blick auf mögliche gemeinsame Kinder?

Im Film von Dominik Graf mit dem Titel »Die geliebten Schwestern« geht es um eine Beziehung unter Dreien. Vom jungen Schiller wird erzählt, dass er gleichzeitig zwei Schwestern liebte, die wiederum in verschworener Liebe zueinander lebten. Verena Luecken begrüßte diesen Streifen in ihrer Filmkritik: »Weil wir zusehen können, wie Klischees zerbrechen und Veränderungen möglich werden und wie die Lust, zu denken und zu leben, frei macht« (FAZ vom 29.07.2014). Aus dem josephinischen Ideal der Verbindung »Vater-Mutter-Kind(er)« ist inzwischen ein überwindungsbedürftiges Klischee geworden. Die Aufwertung neuer Lebensformen scheint mit einer Abwertung der traditionellen Formen einherzugehen. Dabei leben 99 % der Menschen faktisch in Mann-Frau-Beziehungen und nicht wenige wollen auch Kinder und sich um die alten Angehörigen kümmern. Von dieser erdrückenden Mehrheit ist aber derzeit medial nur am Rande die Rede.

Auch nicht die Rede ist von den gar nicht so wenigen, die sich gern – mit gleich wem – lebensmäßig verbünden möchten, aber keine Partnerin oder keinen Partner finden. In der japanischen Kultur ist diese Gruppe der Singles inzwischen eine erdrückend große Zahl. Auch bei uns steigt ihre Zahl.

Dass sich viele zu einer »Familie« verbünden können, zeigt die lange hochentwickelte Kulturtradition der Polygamie. Abraham lebte polygam und gilt in den Heiligen Schriften der »abrahamitischen Religionen« als Vater des Glaubens. Die in Graz virtuell ausgedachte Zukunft muss also keineswegs von Haus aus als Affront gegen religiöse Überlieferungen angesehen werden.

»Kinderspiel« – Spiel mit Kindern?

Für Joseph II. bestand das Ziel des Ehekontrakts in der Aufzucht der in der Ehe gezeugten Kinder. So hatte es auch das Kirchenrecht vorgesehen. Der erste »Ehezweck« war die »procreatio prolis«, das Zeugen von Nachkommen. Nach und nach hatte auch die katholische Kirche ihre Lehre von den Ehezwecken fortentwickelt. Jetzt rückte die Liebe zwischen den Eheleuten an die erste Stelle. Das Zeugen von Kindern blieb noch geraume Zeit in der Diskussion erstwertig, um dann aber nach und nach in den Hintergrund zu treten. Bis heute ist freilich der absichtliche Ausschluss von Kindern im katholischen Eherecht ein Annullierungsgrund (Ehenichtigkeitsgrund).

Die Stellung der Kinder in Paargeschichten wurde in den letzten Jahrzehnten dank der Steuerbarkeit der weiblichen Fruchtbarkeit durch die Pille nachhaltig modifiziert. Kinder können jetzt geplant werden, wobei ungewollte Kinder oftmals abgetrieben werden, was inzwischen in vielen Ländern strafrechtlich nicht nur nicht geahndet wird, sondern als eine gängige Methode der Geburtensteuerung akzeptiert und praktiziert wird.

Die Steuerbarkeit der weiblichen Fruchtbarkeit erklärt aber nicht ausreichend, warum die durchschnittliche Zahl von Kindern pro Frau niedrig ist. Unsere Studie zur Familiensynode[138] verdeutlicht, dass Kinder dann in den Blick kommen, wenn die Paar-Beziehung stabil ist. Das ist am stärksten bei den Paaren mit einem institutionell-religiösen Ehebild der Fall. Bei diesen sind drei von vier Befragten der Ansicht, die Ehe diene sowohl dem Wohl der Partner wie der Kinder. Unter jenen, für die die Ehe ein säkular-personales Projekt ist, steht für ebenso viele (drei von vier Befragten) allein das Wohl der Partner im Vordergrund.

Eine Rolle spielen die Interessen der Wirtschaft. Der rasche Anstieg der Bildung von Frauen führte mit dem enormen Bedarf der Wirtschaft nach Arbeitskräften dazu, dass Frauen Beruf und Familie (mit Alten und Kindern) vereinbaren sollen und wollen. Das ist gewiss nicht der einzige, aber ein gewichtiger Grund, warum die Zahl der Kinder unter jene magische Durchschnittszahl von zwei Kindern pro Frau sank, die von Bevölkerungsexpertinnen zur Erhaltung des eigenen genetischen Programms eines Landes als erforderlich angenommen werden. Das führte zum ätzenden Buchtitel: »Deutschland schafft sich ab«.[139] Der Mangel an eigenen Kindern ist zu einem Lieblingsthema national gesinnter Parteien und Medien geworden.

Die wenigen Kinder sind heute Wunschkinder, in deren Karriere von gestressten Eltern viel investiert wird.[140] Schon früh ist die Formation des Kindes auf eine spätere Berufskarriere und das Erlernen der nötigen Skills ausgerichtet. Bildung setzt immer früher ein, Kindheit kommt so abhanden. Aus Kindergärten werden Kindertagesstätten. Viele Eltern beklagen, dass sie weniger Zeit für Kinder haben, als sie gerne haben möchten. Es wird den Kindern auch immer weniger Zeit gelassen, sichere Bindungen[141] und Vertrauen[142] in das Leben spielerisch aufzubauen. Ein Vorteil für die wenigen Kinder ist, dass sie inzwischen

138 Zukunftsforum der Katholischen Aktion Österreichs: Bericht zur Onlineumfrage 2013. www.wodruecktderschuh.at.
139 Sarrazin, Thilo: Deutschland schafft sich ab, München 2010.
140 Renz-Polster, Herbert: Die Kindheit ist unantastbar. Warum Eltern ihr Recht auf Erziehung zurückfordern müssen, Weinheim 2014.
141 Ahnert, Lieselotte: Wie viel Mutter braucht ein Kind? München 2010.
142 Renz, Monika: Erlösung aus Prägung. Botschaft und Leben Jesu als Überwindung der menschlichen Angst-, Begehrens- und Machtstruktur, Paderborn 2008.

immer öfter Väter haben, die sich für sie Zeit nehmen (möchten).[143] Umgekehrt nimmt die Zahl jener Berufsfrauen zu, die um ihrer Karriere willen auf Kinder verzichten.

Während also bei Paaren, die eigene Kinder zeugen können, die Bereitschaft, ihren Beziehungsraum für Kinder zu öffnen, gesunken ist, ist sie unter den freilich nicht gar zahlreichen gleichgeschlechtlich liebenden Paaren gestiegen. Solche Paare bilden zumeist jenen Gedeihraum, den Kinder brauchen: einen »Raum, geprägt von Stabilität und Liebe« (Brigitte und Peter L. Berger[144]).

Ob solche Paare das Recht haben sollen, Kinder zu adoptieren, ist in manchen Ländern in heftiger Diskussion. Einige Länder haben sich dafür bereits entschieden. Andere zögern. Den Argumenten pro stehen Gegenargumente entgegen. Den einen genügt die Liebe der beiden Frauen oder der beiden Männer. Die anderen sagen, eben die Liebe verlange, dass das Kind Vater und Mutter hat. Könnte ein dritter Weg darin bestehen, dass sichergestellt sein muss, dass im Umkreis eines lesbischen Paares eine männliche Bindungsperson für das Kind in Ruf- und Reichweite ist und umgekehrt ein Kind, das von zwei Männern adoptiert wird, eine verlässliche mütterliche Frau im Lebensfeld der beiden Männer antrifft?

Von der Ewigkeit zur Episode

Eine solche Entwicklung verträgt keine »Unauflöslichkeit der Ehe«. Das einst unerbittliche Institutionelle hat sich abgeschwächt: Die Dolche der

---

143   Zulehner, Paul M./Slama, Andrea: Österreichs Männer unterwegs zum neuen Mann? Wie Österreichs Männer sich selbst sehen und wie die Frauen sie einschätzen. Erweiterter Forschungsbericht, bearbeitet im Rahmen des Ludwig BoltzmannInstituts für Werteforschung. Österreichisches Bundesministerium für Jugend und Familie, Wien 1994. – Zulehner, Paul M./Volz, Rainer: Männer im Aufbruch. Wie Deutschlands Männer sich selbst und wie Frauen sie sehen. Ein Forschungsbericht. Ostfildern 1998. – Zulehner, Paul M.: MannsBilder. Ein Jahrzehnt Männerentwicklung, Ostfildern 2003. – Volz, Rainer/Zulehner, Paul M.: Männer in Bewegung. Zehn Jahre Männerentwicklung in Deutschland. Ein Forschungsprojekt der Gemeinschaft der Katholischen Männer Deutschlands und der Männerarbeit der Evangelischen Kirche in Deutschland. Forschungsreihe Band 6, hg. v. Bundesministerium für Familie, Senioren, Frauen und Jugend, Berlin 2009.

144   Berger, Brigitte; Berger, Peter L.: In Verteidigung der bürgerlichen Familie, Frankfurt 1984.

Dumagats-Väter werden nicht mehr ins Holzbrett des Stammes gestoßen. Jetzt zählt das Subjektive, das Personale, eben die Liebe, die nicht als Vertrag, sondern als Vertragen verstanden wird. »Ehe« als persönliche Liebe, die vor allem (Wohl-)Gefühl und Liebesglück meint, ist nicht mehr derart stabil wie die personenzogene Institution »Ehe«. Nichts ist labiler als eine Zweiergruppe, so vermerken Sozialwissenschaftler. In der Entwicklung der Ehegesetze erfolgte nach und nach diese kulturelle Destabilisierung der »Ehe« durch »Entinstitutionalisierung«. Gesetzlich wurde die Möglichkeit der Scheidung geschaffen, 2011 sogar in dem am meisten katholischen Land Europas, in Malta.

Alle diese kulturellen Vorgänge erweisen sich als verständlicher Versuch, die Glückschancen der einzelnen Menschen zu optimieren. Liebesglück gilt neben der Gesundheit und dem Frieden kulturell als höchster Wert. Dabei passt dieses Glück vom Wünschen her besehen nicht in Raum und Zeit. Auch das Liebesglück moderner Menschen sucht letztlich zumindest in seinen Anfängen und Träumen Ewigkeit und Unendlichkeit. Niemand sagt in den hohen Zeiten der Liebe: »Ich liebe dich für drei Jahre und das nur in dieser Stadt!«

Ein solcher maßloser Traum setzt die Zeitgenossen unter enormen Druck. Denn die Fähigkeit vieler moderner Menschen ist schwach geworden, diese Sehnsucht nach ewigem und unendlichem Glück letztlich an einem Gott festzumachen und sie in das verlorene und wieder gewonnene Paradies eines Himmels zu verlagern. Weil ein solcher Himmel vielen verschlossen ist, wird dieser auf Erden gesucht: in der Arbeit, im Amüsement und eben nicht zuletzt in der Liebe. Die romantische Liebe erscheint als eine der wichtigsten Varianten der Suche nach dem Himmel auf Erden. Manchen erscheint ein Orgasmus wie ein Ausflug ins Paradies.

Es ist tragisch, dass genau diese Suche nach dem hehren himmlischen Glück in der Liebe viele Paare unglücklich macht. Das erträumte »romantische Glück« kippt leicht in das ungewollte »romantische Elend«. Der Gründe dafür sind wohl viele. Einer besteht in der Unmöglichkeit, das maßlose Glück in mäßiger Zeit zu gewinnen. Eben das versuchen viele. Sie suchen das Ewige im Vergänglichen, das Unendliche im Zeitlichen. Für ihre Suche nach dem großen Glück stehen ihnen, wenn es hoch kommt, neunzig Jahre zu Verfügung. Auf mehr hoffen viele nicht. Das (diesseitige) Leben ist für sie die »letzte Gelegenheit« (Marianne Gronemeyer[145]) für ihre Jagd nach dem paradiesischen Glück.

Das macht das Streben der Liebenden nach dem maßlosen Liebesglück in knapper Zeit immer hastiger, anstrengender, angstbesetzter (man könnte auch in nur einer Beziehung »zu kurz kommen«) und selbstbezogener, unsolidarischer (man will vor allem das Glück für sich selbst). Wenn dann das romantische Liebensglück des Anfangs (die »Hochzeit«) sich veralltäglicht und der versöhnte Alltag mit eingestreuten »moments« (Festen) der Liebe zu einem »beschädigten Alltag« wird, in dem keine Feste mehr zufallen[146], dann steht eine solche verbrauchte Beziehung dem Streben nach dem großen Liebesglück im Weg. Kreuzt in einer solchen Zeit jemand, der neuerlich eine »Hochzeit« verspricht, den Lebensweg, dann »übersiedeln« viele aus der einen sterbenden Liebesgeschichte in eine neu erblühende. Lieben ereignet sich dann in einer Abfolge von Liebensgeschichten mit hoher Intensität und raschem Verfallsdatum. Manche sprechen von »konsekutiver Polygamie«[147]. Sie findet immer öfter statt. Aber wird unstillbares Liebesglück auf diesem Weg gestillt? Bleibt nicht der stets maßlose Traum immer größer als die vielen kleinen mäßigen Erfüllungen?

Wichtig ist hier zu vermerken, dass eine solche Beziehungsmobilität kein Ausdruck von Unmoral ist, sondern eine dem Grunddesign jenes Lebens innewohnende Folge, die viele Menschen maßloses Glück in mäßiger Zeit zu erleben nötigt.

Es verwundert nicht, wenn angesichts der Unmöglichkeit, das dauerhaft große himmlische Glück auf Erden zu ernötigen, manche anfangen, resigniert den Traum von der himmlischen Liebe selbst zu ermäßigen. Manche halten deshalb lediglich »Erlebnisepisoden« für möglich, sprechen von »Lebensabschnittspartnerinnen und -partnern«. Jetzt stirbt der Traum von der himmlischen Liebe.

---

145 Gronemeyer, Marianne: Das Leben als letzte Gelegenheit, Darmstadt 1993.
146 Lefebvre, Henri: Kritik des Alltagslebens, Frankfurt 1987 (Critique de la vie quotidienne, Paris 1955).
147 Thilo, Hans-Joachim: Beratende Seelsorge, Göttingen 1971.

Kontinentale Verschiedenheiten

Die hier vorgebrachten Analysen zur Lage von Ehen und Familien betreffen Europas moderne Kulturen. Andere Kontinente haben andere
Sorgen. Das ist im Zuge der Umfrage zur Familiensynode deutlich geworden. Hier folgen einige Anhaltspunkte für die kontinentalen Verschiedenheiten.

In Afrika heiraten zwei Dörfer

Der nigerianische Theologe Obiora Ike kann verstehen, dass sein Land
Homosexualität unter Strafe stellt. Ein Gespräch über Ehe und Familie
und die Positionierung der katholischen Kirche. Europäische Lösungen
für afrikanische Fragen funktionieren nicht.

Christ & Welt: Zerbrechen in Afrika keine Ehen?

Ike: Es gibt schon einige Fälle, wo Ehen scheitern. Manchmal hat die
Basis nicht gestimmt. Aber Afrikaner wollen, dass eine Ehe gelingt.
Denn eine Ehe ist in Afrika nicht einfach eine Sache zwischen Mann
und Frau. Sie betrifft zwei Familien, zwei Dörfer, zwei kommunale
Gruppen, zwei Kirchen. Jeder hilft, jeder leistet seinen Beitrag. Die Ehe-
partner sind nicht unabhängig, aber sie werden unterstützt. In Europa
stehen zwei Menschen, die heiraten wollen, allein da. Es ist ihr Wunsch,
dass ihre Beziehung trägt, aber der Wunsch ist gefährdet. Viele von
ihnen verdienen genug Geld, um auch allein durchzukommen. Sie brauchen keinen Partner, um ihr Leben zu bestreiten und ihre Kinder zu
schützen. Deshalb haben die Menschen in Europa mehr Probleme mit
ihrer Ehe als Afrikaner.

*C&W: Könnten in Deutschland Wiederverheiratete zur Eucharistie zugelassen
werden, in Afrika aber nicht?*

Ike: Das ist nicht unser Thema. Wir brauchen Ärzte gegen Ebola, wir
brauchen mehr Schulen, mehr Ausbildung, Straßen und Brücken, mehr
Wohnungen und Kirchen und mehr Priesterseminare.

C&W: Welchen Beschluss soll die Folgesynode im kommenden Jahr fassen?

Ike: Wir haben ja jetzt ein Jahr Zeit, um zu diskutieren. Ich wünsche mir eine Lösung für die Seelsorge, die die Einheit der katholischen Weltkirche widerspiegelt und trotzdem jedem Kontinent und jedem Land die Möglichkeit lässt, auf die Lebenswege der Menschen einzugehen.[148]

Tiefgreifende kulturelle Veränderungen in Japan
»The declining birth rate is linked to the issue of marriage. The number of those who marry is in decline, while the number of those who marry but later divorce is increasing. Among those who wish to marry, the number who cannot because of financial reasons or because they cannot find a suitable spouse is increasing. The age of people when they marry is increasing, as is the number of people who do not wish to marry. These people do not wish to build a family. It is not unusual for people to live together without marrying. In the case of those who do marry, they often tend to break up when they encounter difficulties.«[149]

Auflösung der Familien, Einsamkeit der Kinder in Asien
Aus Asien kommt der Wunsch, Fragen zu interreligiösen Hochzeiten zu regeln, die dort an der Tagesordnung sind. »Interreligiöse Ehen und die tägliche Frage, wie man die Kinder aufzieht, sind in Asien eine große Frage«, erklärte Kardinal Luis Antonio Tagle, Erzbischof von Manila.

Ein weiteres Anliegen etwa der indischen Kirche ist die Auflösung der Familien, da viele junge Menschen ins Ausland gehen.[150]

---

148 Aus: Christ & Welt 44/2014. http://www.christundwelt.de/detail/artikel/in-afrika-heiraten-zwei-doerfer/ (21.11.2014)

149 Der Rückgang der Geburtenrate ist mit dem Thema der Ehe verbunden. Die Zahl derer, die heiraten, sinkt, während die Anzahl jener, die zwar heiraten, später aber geschieden werden, steigt. Unter jenen, die zu heiraten wünschen, steigt der Anteil jener, die aus finanziellen Gründen nicht heiraten können oder keinen geeigneten Partner finden. Das Heiratsalter erhöht sich, ebenso der Anteil jener, die gar nicht heiraten wollen. Diese Gruppe will keine Familie gründen. Es ist nicht unüblich, dass Leute unverheiratet zusammenleben. Die aber heiraten, kapitulieren oft, wenn sie in Schwierigkeiten geraten. 15 January 2014: Catholic Bishops' Conference of Japan: Response to the Secretariat of the Extraordinary Synod by Peter Takeo Okada, Archbishop of Tokyo, President. – http://www.thetablet.co.uk/UserFiles/Files/Japan_survey_results.pdf

150 http://www.srf.ch/news/international/familiensynode-offenbar-zu-mutigen-schritten-bereit (21.11.2014)

Lateinamerika: zerrissene Familien durch Armut und Migration

Bei der Vorstellung des »Anti-Kasper-Buchs«, zu dem Kardinal George Pell das Vorwort geschrieben hat, wurde am vergangenen Freitag in Rom von einem Fachmann, der mit auf dem Podium saß, klar gesagt: Wollte die Kirche den pastoralen Umgang mit wiederverheirateten Geschiedenen und insbesondere deren mögliche Zulassung zu den Sakramenten prüfen, bräuchte es keine Bischofssynode – und erst recht nicht zwei. Andere »Notfälle« seien allein zahlenmäßig viel drängender, zum Beispiel der Kommunionempfang durch Paare, die ohne Trauschein zusammenleben. Allein in den Ballungsgebieten ärmerer Menschen in Lateinamerika, nicht zuletzt in der unmittelbaren Heimat von Papst Franziskus, sei das eine pastorale Sorge von gewaltigem Ausmaß. ... Aus Argentinien, dem Heimatland des Papstes, kommt die Sorge um die Einsamkeit vieler Kinder.[151]

Der Präsident des CELAM sprach über die Probleme der lateinamerikanischen Familien, darunter insbesondere die von den Migrationen hervorgerufenen Brüche, und wies auf die wachsende Zahl von alleinerziehenden Müttern hin. Er regte an, den kollegialen Stil der Konferenz von Aparecida 2007 als Arbeitsmethode aufzugreifen.[152]

Ein Moment der pastoralen Nähe: Kontinentale Dezentralisierung

Solche kontinentale Unterschiede unterstützen jene, die für eine pastorale Dezentralisierung der katholischen Weltkirche eintreten. Die Kontinente könnten eine Art von Patriarchaten bilden. Die kontinentalen Bischofskonferenzen sind ja alle bereits organisatorisch vernetzt. Sie haben, worauf Papst Franziskus unentwegt hinweist, ein lokales »Lehramt«. Das wird bei der Lektüre von Evangelii Gaudium rasch erkennbar. Wiederholt verweist der Papst auf pastoral ausgerichtete Lehraussagen von Bischöfen in aller Welt.[153]

151 http://www.die-tagespost.de/politik/Leitartikel-Das-Sakrament-in-der-Krise;art315,155464 (23.12.2014)
152 www.osservatoreromano.va/de/news/beginn-der-arbeiten-der-synodenaula
153 Lateinamerika (EG 15), Ozeanien (EG 27, 118), Nordost-Indien (EG 48), Synoden in Afrika, Asien (EG 62), in den Vereinigten Staaten (EG 64), französische Bischöfe (EG 66), Brasilien (EG 191), Philippinen (EG 215), Kongo (EG 230), Indien (EG 250); in den Fußnoten wiederholt Lateinamerika und Karibik (Fußnoten 4, 13, 21, 62, 84, 98, 102, 103, 106, 147, 165).

Es ist daher durchaus möglich, dass im Apostolischen Schreiben nach der kommenden ordentlichen Familiensynode beispielsweise in der Frage des Zugangs zivil geschiedener und wiederverheirateter Kirchenmitglieder Papst Franziskus schreiben wird: »Wie die österreichischen Bischöfe bereits 1980 erklärt haben« oder »Wie die oberrheinischen Bischöfe 1994 gelehrt haben ...«

Diese Dezentralisierung führt dann je nach kultureller Lage zwar zu pastoraler Vielfalt, das aber auf dem Boden der gleichbleibenden Vision über die Liebe zwischen den Menschen, die Freude, Kinder als Werk hervorbringen zu können, sie großzuziehen und von ihnen bei Krankheit, im Alter und beim Sterben begleitet zu werden.

Wolfgang Mazal: Zur Lage der Familien und zur Familienpolitik

Paul M. Zulehner im Gespräch mit Wolfgang Mazal. Wolfgang Mazal ist Univ. Prof. für Arbeits- und Sozialrecht an der Universität Wien und leitet das Österreichische Institut für Familienforschung.

Instabilität der Ehen und Familien

Zulehner: In Europa ist der Blick auf die Zerbrechlichkeit von Familien gerichtet. Übersehen werden die vielen, bei denen es gut geht. Was trägt heute zum Gelingen bei? Was können die Paare tun?

Mazal: Wir alle blicken regelmäßig auf die Scheidungsrate. Diese ist zwar besorgniserregend, jedoch zunächst wesentlich als rein statistisches Phänomen zu sehen. In der Scheidungsrate wird ein Quotient aus den Scheidungen von Angehörigen breiter Geburtsjahrgänge, in denen viele Menschen geheiratet haben, die jetzt im Scheidungsstadium sind, und der Zahl der Eheschließungen aus schmäleren Geburtsjahrgängen gegenübergestellt, in denen noch dazu weniger Menschen heiraten. Dass in diesem Vergleich ein sehr ungünstiges Verhältnis aus diesen beiden Zahlen entsteht, ist rein mathematisch zwingend.

Zulehner: Dazu kommt aber, dass es viele Trennungen gibt, die ohne Heiraten stattfinden.

Mazal: Genau – darüber wissen wir jedoch praktisch nichts, weil das nicht formalisiert und statistisch erfassbar ist. Wir müssen aber sehen, dass die Scheidungsrate nichts über die individuelle Wahrscheinlichkeit aussagt, dass ein Paar, das jetzt heiratet, geschieden wird: Die Scheidungsrate bedeutet nicht, dass jede zweite heute geschlossene Ehe auch mit Scheidung enden wird. Sie macht freilich Angst.

Ich rege daher an, nicht die Scheidungsrate als aussagekräftigen Wert zu sehen, sondern sich auf andere Aussagen zu konzentrieren.

Zum einen ist unübersehbar, dass von jenen Ehen, die geschlossen werden, ein viel höherer Prozentsatz geschieden wird als früher. Man schätzt, dass etwa 30 % der Ehen, die geschlossen werden, nach sieben

Jahren noch bestehen. Das ist freilich etwas ganz anderes als die Scheidungsrate von über 50 %, die angegeben wird.

Das Zweite ist, dass wir auf der anderen Seite sehen, dass viele Ehen, die bei der Scheidungsrate einbezogen werden, auch Zweit- und Drittehen sind, die natürlich die Scheidungsrate wiederum statistisch verfremden.

Umgekehrt sehen wir aber interessanter Weise eine Tendenz, dass Ehen heute bewusster und auch später geschlossen werden, vielleicht auch schon nach mehreren misslungenen Versuchen nichtformalisierter Beziehungen. Sie sind dann auch nicht aus einem so stark überfrachteten illusionsbehafteten Anspruch geschlossen und haben daher individuell eine höhere Wahrscheinlichkeit zu halten als früher.

Wir sehen zwar eine geringere Zahl von Ehen, unter diesen jedoch mehr, die länger halten als früher. Der Wiener Soziologe Rudolf Richter hat einmal in einem Vortrag auch gesagt: Eigentlich halten heute Ehe so lange wie nie zuvor. Es sind die Zweit- oder Drittehen wegen der langen Lebenserwartung.

Zulehner: *Man kann aber dennoch sagen, was Ehe und Familie betrifft, leben wir heute in einer viel zerbrechlicheren Situation und das hat damit zu tun, dass es eine Entwicklung gibt von der Institution zur Person. Die Ehe wurde personalisiert.*

Mazal: Wir haben natürlich eine größere Zerbrechlichkeit als früher. Dies betrifft sowohl die Ehe als auch eheähnliche nichtformalisierte Beziehungen und damit Familie als Ganzes. Dies hängt damit zusammen, dass die Institutionen und Beziehungen heute kaum mehr von stabilisierenden Faktoren umgeben sind.

Zulehner: *Früher hatte die Wiese zur Wiese gefunden und heute der Mensch zum Menschen. Früher hat man einen Vertrag geschlossen, heute muss man sich vertragen.*

Mazal: Dabei spielen viele Faktoren eine Rolle: ökonomische, soziale und mentale. In ökonomischer Hinsicht sind stützende Notwendigkeiten weggefallen. Wir haben ein Sozialsystem, das die wechselseitigen Abhängigkeiten unter Partnern reduziert; wir haben stark verbreitet Erwerbstätigkeit von Frauen. Man steht auf eigenen Beinen und ist daher nicht angewiesen auf den Erhalt einer Beziehung, hinter der man emotional oder rational nicht mehr steht.

Ein anderer ökonomischer Faktor ist: Wir haben unübersehbar bessere Wohnbedingungen als früher. Auseinandergehen und jeder in eine separate Wohnung, das war früher beim knapperen Wohnungsmarkt faktisch oft gar nicht möglich. Heute wird dies allerdings angesichts hoher Wohnkosten auch wieder problematischer.

Ein destabilisierender sozialer Faktor ist, dass die formalisierte Bindung als solche heute nicht mehr als Eintrittskarte ins gesellschaftliche Leben empfunden wird, sondern – im Gegenteil – es durchaus in manchen Milieus als antiquiert und unschick gilt, noch nicht geschieden zu sein.

Was die mentalen Aspekte betrifft, ist auch eine gewisse Scheu vor Verbindlichkeit unübersehbar. In unserer Gesellschaft bis hin ins Rechtssystem ist in vielfältiger Weise die These einer letztlich unauflösbaren oder sehr schwer lösbaren Verbindung nicht mehr akzeptiert. Konsumentenschutzrecht kennt typischer Weise Kündigungsrechte nach längstens einem Jahr. Aus Versicherungsverträgen kann man aussteigen. Die Wirtschaft hat darauf reagiert mit Mitarbeiterbindungsprogrammen oder Kundenbindungsprogrammen, weil die rechtliche Bindung schwach ist. Man versucht irgendwie mit psychologischen Effekten die Kunden oder Mitarbeiter bei sich zu halten, aber sowohl im Konsumenten- wie im Arbeitsverhältnis, also jenen Rechtsverhältnissen, die für die Alltagswirklichkeit der Menschen von hoher Relevanz sind, ist die Vorläufigkeit von Beziehungen internalisiert und ist eine langandauernde Verbindlichkeit unerwünscht. Und das prägt mit Sicherheit die Mentalität in Hinblick auf die andere Beziehung, die für den gesellschaftlichen Alltag relevant ist, nämlich die Beziehung zwischen Partnern.

Zulehner: Gibt es nicht zugleich auch eine bemerkenswerte Gegenbewegung nämlich bei den homosexuellen Paaren, die ja gerade jetzt nach der Verbindlichkeit und nach der Institutionalisierung suchen? Die einen gehen weg davon, die anderen gehen hin – aber man weiß wohl bis jetzt auch noch sehr wenig über die Dauerhaftigkeit von Verpartnerungen …

Mazal: Das wissen wir sogar schon, weil wir bereits im Jahr nach dem Inkrafttreten des Partnerschaftsgesetzes die ersten Scheidungen im Partnerschaftsrecht gesehen haben. Das dürfte sich nicht viel anders entwickeln als bei heterosexuellen Paaren. Ich vermute bei homosexuellen Paaren nicht einen höheren Wunsch nach Verbindlichkeit als Thema, sondern das Drängen in die Formalisierung, weil man die Verweigerung der Möglichkeit einer Formalisierung als Diskriminierung empfunden hat. Die Homosexuellenbewegung wollte einfach den Zugang zum Etikett haben. So leben können wie Heterosexuelle. Ich deute die Entwicklung einfach dahin, dass man die Formalisierung anstrebte, damit aber nicht einen besonderen Anspruch auf Verbindlichkeit und Dauer verknüpft: Das ist heute nicht einmal mehr für die Institution Ehe typisch.

Viele sehen es offenbar so: Da gibt es halt eine Institution – warum verstehen wir ohnedies nicht ganz – weil verbindlich ist es sowie nur, solange wir dazu stehen. Die Ehe selbst vermittelt heute nicht mehr die Realität der unauflöslichen Verbindlichkeit. Theoretisch gibt's den Anspruch, aber durch die einfache Möglichkeit der einvernehmlichen Scheidung ist in Wahrheit die Verbindlichkeit nicht einmal mehr in der Institution und mit einer hohen Hürde abgesichert.

Zulehner: Das waren also destabilisierende Faktoren im ökonomischen sowie im personalen Bereich.

Mazal: Aber wir haben auch im individuellen Bereich weitere destabilisierende Faktoren. Einer ist die enorme Mobilität am Arbeitsmarkt. Die Menschen werden gerade in jungen Jahren weltweit eingesetzt über große Distanzen, sie erleben wechselnde Arbeitgebersituationen – und das alles in Phasen, in denen eine Beziehung noch nicht gefestigt ist und mit einer hohen persönlichen Erwartungshaltung überfrachtet ist.

Mit all diesen Anforderungen der Flexibilität am Arbeitsmarkt wird die individuelle Lebenssituation sehr instabil. Partner erleben sich nur kurzfristig in Nähe, oft hingegen in Distanz: ein Bekannter ist ständig in Vietnam, China und Kambodscha. Im akademischen Milieu sehen wir junge Menschen im zweiten oder dritten Studium, in Masterausbildung irgendwo ein Praktikum in London und dann in Frankfurt, dann eine Trainee-Ausbildung in großen Konzernen – herumgeschickt zumindest in ganz Europa.

Dazu kommt, dass wir eine immer größer werdende Inhomogenität der individuellen Lebensentwürfe sehen. Von verschiedenen Kulturen und Lebenserfahrungen geprägt, haben Menschen heute oft sehr voneinander abweichende Erwartungen an das Leben. Die Menschen kommen aus viel inhomogeneren Familiensituationen, sind völlig unterschiedlich geprägt. Dass man da jemanden findet, der halbwegs zu einem passt, wird immer unwahrscheinlicher. Dass das »Matching« klappt, ist viel wahrscheinlicher, wenn man aus demselben Dorf in der gleichen Großfamilie aufgewachsen in der gleichen Kirche getauft, beim gleichen Pfarrer in der Messe war, in dieselbe Schule gegangen ist, denselben Glauben gelebt hat usw.

In der heutigen vielfältigen Situation ist die Wahrscheinlichkeit, dass eine dauerhafte Paarbindung gelingt, nur dann gegeben, wenn man sich all dieser Unterschiede bewusst ist und sie bewusst reflektierend auflöst. Das Zusammenfinden ist schwieriger und das Miteinanderleben auch.

Zulehner: Es braucht auch mehr Konfliktfähigkeit, die relativ niedrig ist …

Mazal: Konflikte auf humane Weise aufzulösen geht gut, wenn man sprachmächtig ist, sonst schlägt man zu oder geht in innere und äußere Distanz. Immer mehr Menschen können ihre Probleme aber nicht einmal artikulieren. Wenn man einfach sagt: »Ich fühl mich in unserer Beziehung nicht mehr wohl«, oder: »Du bist doch anders, als ich mir vorgestellt habe«, ist eine Konfliktsituation nicht auflösbar.

Zulehner: Das ergibt fast eine dauertherapeutische Situation, was völlig instabil erscheint …

Mazal: Da sehen wir noch etwas. Früher gab es noch andere stabilisierende Faktoren, nämlich dass die Gemeinschaft bei dieser Reflexion geholfen hat. Früher haben sich die Frauen am Dorfbrunnen über ihre Männer austauschen können und die Männer im Wirtshaus über die Frauen. Das ist heute kaum mehr möglich. Man hat kein Ventil.

Zulehner: Man hat aber noch die Freundinnen und Freunde …

Mazal: … aber auch diese Beziehungen sind keineswegs stabil und es ist fraglich, ob man sich hier in Lebenskrisen austauschen kann. Dauerhaft bleiben am ehesten die Freunde und Freundinnen aus der Jugend und Kindheit. Aber die sind gerade in dieser kritischen Phase weg. Die entdeckt man mit Mitte 40 wieder.

Zulehner: … *wobei man aus Männerstudien weiß, dass diesbezüglich die Frauen privilegierter sind als die Männer. Diese bringen weniger Sprachkompetenz mit, sie haben auch weniger Personen, mit denen sie sich austauschen können.*

Mazal: … auch persönlich weniger bereit sind, sich auszutauschen, das ist auch eine instabilisierende Situation. Für mich ganz wichtig ist auch die Gefahr, die aus der Vorstellung resultiert, dass Beziehung eine Aufgabe der Partner ist und dass die Partner alleine für das Gelingen der Beziehung verantwortlich sind. Wenn etwa die Leitvorstellung von Ehe dadurch bestimmt ist, dass es ein vor der Gemeinde gelebtes Zeichen ist, dann ist die Gemeinde ein wesentlicher Akteur in Hinblick auf diese Paarbeziehung. Mit stabilisierenden, ermutigenden und korrigierenden Funktionen. Und das fällt heute weg.

Und was ist heute stabilisierend? Da gibt es relativ wenig. Wir haben stabilisierende Faktoren nur im Paar. Das ist aber zugleich wieder instabilisierend, weil ein hoher Anspruch hineingelegt wird, den der Partner im Idealfall vielleicht für einige Wochen, Monate oder gar Jahre einlösen kann, aber lifetime eben nicht. Ansonsten sehe ich eigentlich kaum stabilisierende Faktoren. Im Gegenteil. Wir haben eine Menge Destabilisierungen. Und das ist das Tragische. Denn die Leute wünschen sich persönlich eine hochstabile Beziehung.

Zulehner: Es wird daher gesellschaftlich ein immer größeres Wunder, wenn ein Paar sich findet und dann ein langes Leben lang beisammen bleibt.

Mazal: … was heißt ein Leben lang: Fünfzehn Jahre, zwanzig Jahre! Das sind heute in Wahrheit Ausnahmefälle. Das alles soll aber nicht Depression verbreiten, sondern Anlass geben, darüber nachzudenken, wie man diese Entwicklungen ausgleichen kann.

Zum Gelingen können etwa Arbeitgeber und die Familienpolitik beitragen. Wichtig sind aber auch die Reflexion innerhalb des Paares und die Begleitung von Paaren. Da sind die Freunde, Eltern und Großeltern stark gefordert. Dass man auch bereit ist, sich auszutauschen, dass man lernt, miteinander zu reden, über die Paarbeziehung zu reflektieren, dass das keine Schande ist, wenn man ein Problem hat, sondern dass das einfach eine zusätzliche Aufgabe ist. Die Paare sollen die unerfüllten Wünsche der Vorgenerationen nicht in den anderen hineinprojizieren. Der Partner kann nicht den verlorenen Himmel ersetzen.

Zulehner: Es gilt also der Überromantisierung zu entgehen, wo religiöse Energie in einen Menschen investiert wird, was diesen überfordert.

Familienpolitische Unterstützungen

Zulehner: Welche Unterstützung kann die Familienpolitik für die »Hochrisikolebensform« Ehe und Familie geben?

Mazal: Zunächst einmal vom ökonomischen Druck entlasten. Hier ist primär die Wirtschaft gefordert, ausreichende Entlohnungen zu zahlen, und zwar bereits in jungen Jahren, um eine Familiengründung zu ermöglichen. Aus öffentlichen Haushalten müssen ausreichende Transferleistungen finanziert werden, um zu niedrige Entgelt auszugleichen, und müssen ausreichend und bedarfsgerechte öffentliche Services zur Verfügung gestellt werden. Der Staat kann zwar nicht alles tun, aber er kann entscheidende Impulse setzen, Eltern bei der Organisation der Kinderbetreuung zu unterstützen. Nicht zuletzt auch deshalb, weil die Eltern sonst nicht mehr Zeit finden, als Partner auch Zeit und einen »freien Kopf« füreinander zu haben.

Die Zugänglichkeit der Serviceleistungen muss so einfach sein, dass die Organisationsarbeit innerhalb der Paarbeziehung gering ist. Dabei geht es nicht nur um Kinderkrippe und Kindergarten, sondern auch um Betreuungsarrangements für ältere Kinder, etwa zur Lernbetreuung in der Schule am Nachmittag. Das machen die Skandinavier gut, wo man ein vielfältiges Serviceangebot findet. Hier sind nicht nur die Firmen, sondern wesentlich auch die Kommunen gefordert, denen freilich derzeit oft zu wenig Geld zur Verfügung steht, um den Bedürfnissen der Bevölkerung Rechnung zu tragen.

Das setzt sich dann auch bei der Pflege der *Älteren* später fort. Auch hier ist neben der finanziellen Unterstützung das Wichtigste, den Menschen, die Pflege- und Betreuungstätigkeit verrichten, konkret zu helfen: durch Tageseinrichtungen, durch Supervisionsmöglichkeiten, durch Pflegeberatung usw.

Familienpolitik hat aber für mich auch die Möglichkeit, eine mentale Stütze dadurch zu geben, dass sie jungen Menschen Mut zur Familiengründung und den Familien Mut zum Familienleben macht. Die Familiengründungsphase wird heute als »rush-hour des Lebens« unheimlich hektisch und überfordernd erfahren. Bis Mitte 30 muss alles untergebracht sein: zwei Auslandsaufenthalte, dritter Sprachkurs, Praktika. Hier gilt es, eine Verlangsamung herbeizuführen, um eine gute Paarbeziehung zu ermöglichen. Zu fordern sind stabilere Arbeitsbedingungen, die Vermeidung einer »Generation Praktikum« und keine Ausbeutung durch prekäre Arbeitsverhältnisse. Wer sich familiär konsolidiert, wird auch in seiner beruflichen Entwicklung nachhaltig wachsen.

Noch eine Anmerkung zur Teilzeit, die seit Jahren kontinuierlich anwächst und von manchen aus frauenpolitischen Gründen abgelehnt wird. Hier bedarf es meiner Meinung nach einer Differenzierung in der politischen Bewertung, wenn man realisiert, dass es unterschiedliche Effekte in Entgeltfragen und in Pensionsfragen gibt. In Entgeltfragen ist Teilzeit in der Phase der Familiengründung für Mütter und Väter ein geradezu ideales Modell, ausreichendes Familieneinkommen mit dem Wunsch, Kinder beim Heranwachsen zu begleiten, zu vereinbaren. In dieser Phase ist Teilzeit in Österreich auch pensionstechnisch mehr als achtbar – im internationalen Vergleich geradezu sensationell – gelöst. Für Kindererziehungszeiten werden im Pensionskonto für die Dauer von bis zu vier Jahren pro Kind Gutschriften in einem Ausmaß eingestellt, das dem Medianeinkommen der Frauen zwischen 20 und 29 (derzeit etwa 1600 Euro) entspricht. Und wenn man tatsächlich zusätzlich verdient, zum Beispiel durch Teilzeit, manchmal aber auch durch Vollzeit, kommt das noch zusätzlich ins Pensionskonto. Das kann man herzeigen.

Anders ist es bei der Teilzeit, die in späteren Lebensphasen eingegangen wird. Über 30 % der Frauen, die Teilzeit machen, haben keine Kinder unter 15 Jahren mehr, sondern schon ältere Kinder. Diese 34 % nehmen tatsächlich ein Pensionsdefizit in Kauf, weil sie als Teilzeitarbeitende nur die geringen Beitrags- und dann Bemessungsgrundlagen haben.

Ein aus meiner Sicht wirkliches Entgeltproblem auf Dauer resultiert jedoch meist nicht aus Teilzeit, sondern aus Karenz, weil man da aus dem Erwerbsleben für einige Zeit aussteigt. In den meisten österreichischen Kollektivverträgen ist diese Phase für den Rest der Einkommensentwicklung verloren. Man hinkt dann ewig hinten nach, wenn die Kollektivverträge diese Phase nicht als Dienst- und Vordienstzeit anrechnen. Ich halte das für einen sozialpolitischen Skandal und eine klare Frauendiskriminierung. Dieses Problem zu lösen sind allerdings primär die Sozialpartner aufgerufen, die in der Entgeltgestaltung federführend sind.

Warum gibt es zu wenige Kinder?

Zulehner: Besorgte klagen, dass es uns an Kindern fehlt. Warum?

Mazal: Es ist klar, dass wir keine bestandserhaltende Reproduktion haben und es wichtig ist, dass dieses Defizit durch Zuwanderung ausgeglichen wird. Diese kann allerdings die ausfallende familiale Reproduktion nicht gänzlich ersetzen. Auffallend ist jedenfalls, dass 72 % der jetzt Geborenen Migrationshintergrund haben (als Maßzahl gilt hier, dass zumindest ein Elternteil im Ausland geboren ist). Hier haben sich binnen einer Generation enorme Veränderungen abgespielt, die zeigen, wie stark die Reproduktion in der autochthonen Bevölkerung zurückgegangen ist.

Ursache dafür wird darin gesehen, dass es im autochthonen Mittelstand zu viele Unsicherheiten gibt, um die Familienphase zu bestehen, und dadurch Abstiegsängste wachsen. Das hängt mit den beschriebenen destabilisierenden Faktoren zusammen.

Zu den Aufgaben christlicher Kirchen

Zulehner: Was sollen die Kirchen tun?

Mazal: Die Kirchen sollen meines Erachtens das Institut, aus dem genuin die Fortpflanzung möglich wird, nämlich die Ehe als verschiedengeschlechtliche Partnerschaft, als solches herausheben, ohne die anderen Institutionen, die sich auf Verbindlichkeit in einer Liebesbeziehung ausgerichtet sehen, deswegen zu diskriminieren. Es geht hier für mich vorrangig um eine terminologische Frage. Ehe soll Ehe bleiben als heterosexuelle Lebensgemeinschaft. In den Rechtsfolgen soll sie aber mit den anderen homosexuellen verbindlichen Lebensgemeinschaften gleichgestellt sein.

Diese besondere Hervorhebung ist deswegen sinnvoll, weil in der Ehe – im Unterschied zu homosexuellen Gemeinschaften, in denen Kinder in Pflege aufgenommen oder adoptiert werden können – ein Kind nicht immer Gegenstand einer bewussten Entscheidung ist, sondern einfach auch als Konsequenz der Beziehung ungeplant angenommen werden kann. Diese Beziehung ist als solche auch offen für die Zufälligkeit und die Unplanbarkeit des Lebens. Hier wird ein besonderer Aspekt des menschlichen Lebens sichtbar, der freilich auch seine besondere Würze ausmacht. Sollten wir nicht klarmachen, dass es ein spezifisch menschlicher Wert ist, das Leben nicht als in allen Details planbares Projekt zu deuten, sondern es in all seiner Offenheit anzunehmen?

Wichtige Aufgaben der Kirchen, aber auch anderer Glaubensgemeinschaften wie Judentum und Islam sehe ich auch in der Ermutigung zu einer liebevollen und auf Treue angelegten umfassenden personalen Paarbeziehung. Sie sollten sich nicht so sehr auf die Formalfrage der Verheiratung beziehen, sondern die inhaltlichen Aspekte der Beziehung in den Vordergrund stellen. Das bedeutet Förderung und klares Forcieren von Liebe, Personalität, von Verbindlichkeit, von intentionaler Lebenslänglichkeit, von Durchstehen von schwierigen Lebenssituationen.

Das kann man dann im katholischen Bereich auch christologisch/ ekklesiologisch begründen – dies muss aber keineswegs von allen zwingend akzeptiert werden. Andere Kirchen und Religionsgemeinschaften sowie nichtreligiöse Menschen können dies auch anders begründen.

Für mich wäre auch wichtig: Selbst wenn die Form in Ordnung ist, sind die angesprochenen Inhalte einzufordern. Es ist zu thematisieren, wenn jemand zwar formal in Ordnung lebt, aber materiell nicht den Ansprüchen gerecht wird, die man sich selbst in der verbindlichen Beziehung ja gestellt hat.

Religionsgesellschaften sollten aber auch kommunizieren, dass das Zurückbleiben hinter den gewählten Ansprüchen einfach auch zum Leben dazugehört. Das sollen sie nicht bagatellisieren. Sie sollen die Gesellschaft auffordern zu unterstützen und sehr wohl auch thematisieren, wenn ein eingegangenes Versprechen nicht eingelöst wird. Aber man sollte an der Lebensrealität nicht vorbeigehen und keine lebenslangen nachteilig-diskriminierenden Konsequenzen daraus ziehen. Ein neuer Anfang sollte auch zulässig sein.

Im katholischen Bereich würde ich diesen neuen Anfang freilich nicht als Wiederverheiratung konzipieren. Das Sakrament der Ehe würde ich wie das Sakrament der Weihe als nur einmal konsumierbar ausgestalten. Daneben könnte es ein weiteres Institut geben, das ebenfalls eine gesegnete verbindliche Liebesbeziehung signalisiert, die aber dann vom christologisch/ekklesiologisch gedeuteten Sakrament abgesetzt werden sollte.

Ein solches verbindliches, von der Kirche positiv akzeptiertes formales Rechtsinstitut könnte man sowohl vor einer Ehe eingehen, es könnte aber auch allenfalls für eine weitere Beziehung nach einer Ehe zur Verfügung stehen. Es wäre vom Inhalt her eine verbindliche, aber nicht sakramentale und nicht unauflösliche Beziehung. Auch in ihr kann ein Wert gesehen werden, und die Kirche sollte den Menschen, die diesen Weg gehen, Segen und Begleitung zur Ermutigung gewähren.

Bartholomaios I.: Akribia und Oikonomia

Vieles deutet darauf hin, dass die katholische Kirche unter Papst Franziskus in die Schule der orthodoxen Tradition gehen wird. In dieser spielen bei der Frage rund um Ehe und Scheidung die beiden pastoralen Prinzipien der Akribia und der Oikonomia eine Schlüsselrolle. Anlässlich der Verleihung des Ehrendoktorats an der Universität Wien am 16. 6. 2004 hat Patriarch Bartholomaios I. diese beiden Prinzipien so erklärt:

»Wenn wir von diesem Pult aus sprechen dürfen, möchten wir zunächst herzlich dafür danken, dass dies aufgrund Ihrer edlen Motive ermöglicht wurde. Dann aber denken wir zurück und bringen in Erinnerung, dass diese Ehre auch unserem Vorgänger, dem Ökumenischen Patriarchen Athenagoras, verliehen wurde. Dies veranlasst uns festzustellen und zu betonen, dass wir dieses Ereignis der uns erwiesenen Ehre nicht für uns persönlich beanspruchen, sondern wir es so interpretieren, dass diese Ehre der über tausendjährigen Institution unseres Ökumenischen Patriarchates gebührt.

Als Gegengabe möchten wir Ihnen, der hochgelehrten Versammlung, unseren innigsten Dank aussprechen und einige Gedanken aus dem Bereich der kirchlichen Regelung von Fällen vermitteln, die sich im Konflikt zwischen den strengen Kanones, die sie regeln sollen, und dem Gefühl der Philanthropie ergeben. Das heißt im Verhältnis zwischen der Akribie und der Ökonomie.

Unser verewigter Vorgänger, Patriarch Athenagoras, hatte damals, im November 1967, vor, bei seiner Ehrenpromotion, die in letzter Minute abgesagt werden musste, zum Thema ›Gesetz und Gnade‹ zu sprechen. Indem wir gewissermaßen eine Fortsetzung vornehmen wollen, sprechen wir heute zum Thema ›Gesetz und Ökonomia‹, wobei der Begriff Ökonomia im kirchlichen Sinne der Epikie verwendet wird, d. h. der nicht genauen Einhaltung eines Kanons. Im kanonischen Recht verwenden wir den Begriff ›Akribie‹, um die genaue Einhaltung eines Kanons zum Ausdruck zu bringen und den Begriff Ökonomie für eine Umgehung des Kanons zu einem höheren Zweck.

Die Wörter Νόμος und Οἰχονομία haben die gleiche sprachliche Wurzel. Νόμος bedeutet verteilen, richtig, gerecht, Rechte und Verpflichtungen, der οἰχονομία verteilt die Güter des Hauses an die Mitglieder des Hauses richtig und gerecht.

Der Kanon ist ein Vorbild für Verhalten und in seinem ursprünglichen Sinne ist er das Instrument zum Messen und Geraderichten. Die kirchliche Ökonomie ist die nützliche Umgehung der genauen Einhaltung des Kanons in einem bestimmten Einzelfall zum besseren Erreichen von höheren Zielen.

Die Ökonomie könnte die Kunst der Anpassung des strengen Rechtes zur Epikie werden. Jede juridische Bestimmung, wie auch jeder kirchliche Kanon, ergibt sich aus einem höheren und oft ungeschriebenen Prinzip, dessen Realisierung beabsichtigt ist.

Z. B. das ungeschriebene Prinzip, dass der Priester reif sein muss, um seine priesterlichen Pflichten zu erfüllen, führte zum Kanon, dass für die Priesterweihe und die Übernahme einer Pfarre ein bestimmtes Alter erreicht sein muss. Dies, weil die Erfahrung lehrt, dass gewöhnlich die Reife mit einem bestimmten Alter zusammengeht, in der Annahme, ohne das entsprechende Alter besitze man auch nicht die richtige Reife. Als Konsequenz daraus, dass die gleichzeitige Entfaltung der Reife und des Alters nicht zutreffen müssen, in der gleichen Weise gilt der Kanon nicht, dass der Weihekandidat ein bestimmtes Alter haben muss, wenn er die Reife schon besitzt, obwohl er das Alter nicht hat, oder er besitzt die Reife nicht, obwohl er das entsprechende Alter hat. Die Weihe also einer Person zum Priester, der das entsprechende Alter nicht hat, aber die Reife besitzt, ist nach dem Prinzip der Ökonomia erlaubt, weil in diesem Fall der Kanon bezüglich des Alters nicht ignoriert, sondern überschritten wird. Derjenige, der so handelt, hat nicht die Absicht, den Kanon zu verletzen, sondern er entspricht der getreuen Verwirklichung des Prinzips, wofür dieser Kanon notwendig war. Wir stehen also vor einer Überwindung des Kanons, indem wir einen anderen Kanon suchen, meist einen ungeschriebenen, der aber die Voraussetzung für den geschriebenen ist und auf einer höheren Ebene steht als dieser geschriebene.

Der Fall von Maria und Josef zeigt, dass Josef hier einen Weg sucht, um das Gesetz zu umgehen, als er erfahren hat, dass Maria ein Kind bekommt. Und wenn er sich Gedanken macht, sie ›unbemerkt zu entlassen‹, wollte er philanthrop handeln und nicht nach dem Gesetz, das das Leben von Maria und dem Kind in Gefahr bringen müsste. Das strenge

Gesetz sollte durch die Philanthropie Gottes in einem bestimmten Fall überschritten werden. Josef hat das Prinzip der Ökonomie angewandt, ohne den Begriff zu kennen und ohne die diesbezüglichen Überlegungen der Fachleute.

Bekannt ist auch der Protest der Gelehrten und der Pharisäer wegen der Übertretung der Sabbatruhe durch Jesus Christus. Diese Bestimmung könnte aus drei Gründen angewandt worden sein: 1.) aus gesundheitlichen Gründen, 2.) für die Verwendung des Tages zu gottesdienstlichen Zwecken und 3.) zur Bekämpfung der Habgier durch übertriebene Arbeit. Gegen keinen von diesen erwähnten Gründen verstieß Jesus Christus durch die Heilung von Kranken am Sabbat, die als Verletzung des Kanons für den Sabbat betrachtet wurde. Hier haben wir einen Fall der Bevorzugung des Geistes und nicht des Buchstabens des Gesetzes. Durch die genaue Einhaltung des Kanons kann das Höhere verletzt werden, nämlich die Philanthropie Gottes, die den Kanon diktiert hat zugunsten der Menschen, ohne die Menschen unter das Gesetz zu bringen.

Das orthodoxe kirchliche Leben ist voll von solchen Umgehungen der strengen Regelungen gemäß Ökonomie. Zu dieser Haltung ist es gekommen aufgrund von vielen Gedanken und Beispielen aus dem Leben Christi und der Heiligen. Der Herr hat die unzüchtige Frau vor der Steinigung gerettet durch die Anwendung eines neuen Kanons, des Kanons: ›der keine Sünde hat, soll den ersten Stein werfen‹.

Wir stehen also hier vor dem Phänomen der Anwendung des breiteren Kanons, dass wir nicht urteilen nur durch Heranziehung eines Teiles von den Kanones, sondern vom ganzen Umfang der Kanones. Wenn man das Ganze berücksichtigen will, ist die Kenntnis des Ganzen erforderlich. Diese ganzheitliche Kenntnis oder diese Weisheit ist aber selten in dieser Welt. Aus diesem Grunde sind viele Entscheidungen falsch, weil sie sich nur auf partielle Faktoren stützen. Die Bußauflagen, die von den Heiligen Kanones zur Therapie der Sünder auferlegt werden, werden auf die gleiche Weise bestimmt wie die Strafen von den Strafgesetzen, aber sie haben nicht das gleiche Ziel. Durch die Bußauflagen wird die innere Verbesserung und Heilung des Sünders beabsichtigt und selten der Schutz der anderen Mitchristen, während durch die Strafe die Rückgabe und die Sühne des Geschädigten, wie auch durch die Angst vor der Strafe und die Einschränkung der Freiheit des Täters eine allgemeine oder beschränkte Vermeidung einer verbrecherischen Tat beabsichtigt ist.

Der Charakter der Bußauflagen als verbessernde Mittel setzt auch die Flexibilität der Anwendung voraus, entsprechend der Situation des Kranken. Deshalb empfiehlt der heilige Basilius, nachdem er einige Bußauflagen bestimmt hat, dass der geistliche Beichtvater nicht nur auf die Schwere der Verfehlungen zu achten hat, sondern auch auf die Intensität der Reue. Im allgemeinen alle vom Geist getragenen geistlichen Väter weisen darauf hin und empfehlen die Berücksichtigung aller Faktoren, wie z. B. die Widerstandsfähigkeit des Reumütigen, seinen allgemeinen und geistlichen Zustand und die Richtigkeit der angewandten Mittel zur Verbesserung des Gläubigen. Auch hier haben wir ein Gebiet, in dem die gemäß Ökonomie erfolgte Umgehung der Strenge der Akribie eine alltägliche Praxis in der Orthodoxen Kirche darstellt.

Es gibt aber auch Fälle, in denen die direkte Missachtung des menschlichen Gesetzes angebracht erscheint, zum Schutz höherer Güter, welche der Gesetzgeber, wenn er anwesend wäre, geschützt hätte, um mit Aristoteles zu sprechen. Wir beziehen uns hier nicht auf eine Notsituation, die auch die Gesetze anerkennen, als einen Grund, der die Schuldzuweisung aufhebt, sondern auf formlose und unvorhergesehene Situationen, bei denen analog die gleiche Lösung angewandt wird.

Alle Kanones müssen also im Hinblick auf die höheren Kanones betrachtet und verstanden werden, die höheren Zwecken dienen, aber auch auf das Ganze der Regelungen, die das menschliche Leben betreffen, damit nicht unter dem Vorwand der Anwendung der gesetzlichen Kanones unmenschliche Taten begangen werden, wie es leider bis heute noch geschieht. Die scheinbaren Verletzungen der schriftlichen Bestimmungen, wenn sie gemäß Ökonomie geschehen zur notwendigen Verteidigung von höheren Gütern im Vergleich zu denen, die die Anwendung der Bestimmung verursachen würden, stellen keine verbotene Tat dar.

Auch die Völker, die an die Strenge des Rechtes gewohnt sind, wie die Römer, haben festgestellt, dass das höchste Recht eine höchste Ungerechtigkeit ist, in dem Sinne, dass die übergenaue Anwendung der Bestimmungen oft zum Abwürgen des Rechtes führt. Aus diesem Grund haben sie auch die Notwendigkeit der Anerkennung der Epikie betont, die mit mehr Flexibilität und Anpassungsfähigkeit den verschiedenen Situationen begegnet.

Die Kirche, als der lebendige Leib Christi, konnte nicht in der Auffassung des Gesetzes vor der Zeit der Gnade bleiben. Deshalb sagt der heilige Paulus an die Galater: ›Ihr habt Christus verloren, die ihr durch das Gesetz gerecht werden wollt, und seid aus der Gnade gefallen‹ (Gal 5,4).

Aus all diesen Gründen wäre es für die Kirche ein großer Fehler, wenn sie vor den Christen ein neues unbeugsames Gesetz ihrer Erfindung aufstellen wollte. Die Kanones sind aber unvermeidlich, weil die von vornherein bekannte Ordnung das Leben erleichtert. Für dieses Dilemma hat die Kirche die Lösung gefunden, und das ist die Vernachlässigung des Kanons, den sie selbst bestimmt hat, gemäß Ökonomie wenn seine Anwendung auf höhere Prinzipien stößt. Der möglichen Gefahr der Unsicherheit und der Beherrschung des verwerflichen Prinzips, nach dem der Zweck die Mittel heiligt, wird durch die vernünftige Anwendung der Ökonomie begegnet.

Die Ökonomie ist kein Vorwand für die Vermeidung des durch Christus geoffenbarten Gesetzes Gottes, das voll von Liebe und Philanthropie ist, sondern ein Mittel zu vermeiden, dass dieses vollkommene Gesetz Gottes Befehlen und Lehren der Menschen unterstellt wird, Lehren, die in strengen und formalistischen Interpretationen beinhaltet werden und zwar manchmal für sekundäre Angelegenheiten, wodurch die unheilbare Auseinandersetzungen und Streitigkeiten verursacht werden.

In einer gesamtorthodoxen Vorlage, die für die Heilige und Große Synode der Orthodoxen Kirchen gedacht war, heißt es: ›Akribie bezeichnet das strikte Festhalten der Kirche an den kanonischen Verordnungen, die jeden Gläubigen angehen. Der andere Begriff, Oikonomia, bedeutet die liebende Sorge der Kirche um ihre Glieder, die ihre kanonischen Anordnungen übertraten, sowie um jene Christen, die außerhalb ihrer Gemeinschaft stehen und in sie eintreten möchten. Die Oikonomia kann entweder als eine Art Abweichung von der vollen und genauen Annahme der Heilswahrheit betrachtet werden … oder als Abweichung von der genauen und vollständigen Befolgung des kanonischen Rechtes. Doch gleichzeitig schafft die Oikonomia die Genauigkeit (Akribie) nicht ab… Die Oikonomia als ein außerordentliches Heilsmittel überschreitet die starren kirchenrechtlichen Grenzen der Akribie im sakramentalen Leben der Kirche… Die Oikonomia ist in der Kirche ihr aus der Tradition abgeleitetes Vorrecht, wobei ihre Klugheit, Weisheit, pastorale Offenheit und ihre Vollmacht, Rücksicht zu nehmen, wo immer es angeht, voll zum Ausdruck kommen, auf dass das Werk der Erlösung des Menschen auf Erden zur Vollendung gelange und am jüngsten Tag ›alles in Christus versöhnt werde‹.

Demnach ist die Anwendung der Ökonomie keine willkürliche Missachtung der Dogmen, der gesetzlichen Verordnungen und der Kanones der Kirche, sondern ein dynamisches und außerordentliches Heilsmittel. Das Prinzip der Ökonomie wird auch im Bereich des sakramentalen Lebens angewandt z. B. im Rahmen der Ehepastoral und der Beichte, der Stärke der Bußauflagen, der Fastenregeln etc. Über die ›Bedeutung des Fastens und seine Einhaltung heute‹ hat z. B. die III. Präkonziliare Panorthodoxe Konferenz im Jahre 1986 im Orthodoxen Zentrum des Ökumenischen Patriarchates in Chambésy bei Genf ein Dokument verabschiedet, das als Vorlage für die nächste Heilige und Große Synode der Orthodoxen Kirchen gilt. Dort heißt es u. a.: ›Gemäß orthodoxer Tradition steht das Ideal geistlicher Vollkommenheit sehr hoch. Daher muss sich jeder, der zu diesem Ideal gelangen möchte, nach oben hin ausrichten. Aus diesem Grund kennen die Askese und der geistliche Kampf keine Grenzen – ebenso wenig wie die Vollkommenheit der Vollkommenen ... Die Orthodoxe Kirche bestimmte wie eine besorgte Mutter, was zum Heil des Menschen von Vorteil ist, und sie setzte die heiligen Fastenzeiten ein als von Gott geschenktes ›Schutzzeichen‹ des neuen Lebens der Gläubigen in Christus gegen jede List der feindlichen Mächte. Den Spuren der heiligen Väter folgend, beachtet die Orthodoxe Kirche wie vordem die apostolischen Vorschriften, die Kanones der Konzilien und die heiligen Überlieferungen. Die Orthodoxe Kirche bietet immer den Gläubigen die heiligen Fastenzeiten an als hervorragendes Mittel auf dem Weg zu ihrer geistlichen Vollkommenheit und zu ihrem Heil; und sie betont gegenüber ihren Gläubigen die Notwendigkeit, im Verlauf des Kirchenjahres die festgelegten Fastenzeiten einzuhalten ... Zugleich legte die Kirche aus pastoraler Einsicht die Grenzen einer barmherzigen Handhabung der Fastenvorschriften fest. Daher hat sie für den Fall körperlicher Krankheit, unabwendbarer Not oder widriger Zeiten eine entsprechende Anwendung des kirchlichen Prinzips der Oikonomia vorgesehen, gemäß der Entscheidung und der pastoralen Sorge der Gesamtheit der Bischöfe der einzelnen Lokalkirchen.‹

Das muss jedoch immer in der Absicht geschehen, dass die Einrichtung der Ehe oder des Fastens etc. ihre Kraft nicht verlieren. Das barmherzige Entgegenkommen muss von der Kirche mit großer Umsicht angewandt werden. Der geistliche Vater handelt wie ein Arzt, der sich bemüht, die Heilung seiner Patienten zu erreichen. Oft gibt der Arzt, ohne die genauen Kenntnisse der Medizin aufzuheben oder zu missachten, nicht allen Patienten mit der gleichen Krankheit die gleichen Medikamente, wenn sie manchmal mehr Schaden verursachen könnten als heilen. Anders gesprochen, ein guter Arzt ist derjenige, der das Unterscheidungsvermögen besitzt, zu entscheiden, wann, wem, was und wie er anordnet, entsprechend seiner Krankheit, aber auch seiner persönlichen körperlichen und psychischen Beschaffenheit. Schon Johannes von Klimax, einer der größten Mystiker der Ostkirche, wusste, dass ein Medikament, das für einen als Medizin wirkt, für den anderen zum Gift wird; auch das gleiche Medikament kann für denselben Patienten, wenn es in der richtigen Zeit verabreicht wird, als Medizin wirken, in einer nicht passenden Zeit jedoch kann es zum Gift werden.

Es bedarf großer Anstrengung, Dynamik und Flexibilität, die das Charisma der Führung und Erleuchtung des Hl. Geistes, das Gebet und vor allem Heiligkeit voraussetzen. Der geistliche Vater und Mentor ist kein Exekutor von Gesetzen und kein Verteiler einfacher Rezepte, sondern geistlicher Pädagoge, Wegweiser, Wegbegleiter mit Liebe. Die Verantwortung ist sehr groß für die ›Unterscheidung der Geister‹. Die Sammlung der Heiligen Kanones, die der heilige Nikodim vom Berg Athos vorgenommen hat, heißt Πηδάλιου, das heißt ›Steuer‹ oder ›Ruder‹. Gemäß der Äußerung eines Mönchs vom heiligen Berg Athos, heißt diese Sammlung deshalb ›Steuer‹, Πηδάλιου, weil damit, d. h. mit den Kanones das Schiff der Kirche richtig gelenkt werden kann und immer wieder die Felsen, die auch unter dem Wasser sein können vermieden werden. Das blinde Geradeausfahren kann zur Katastrophe führen. Die Kirche weiß also, wie ihr Schiff erfolgreich zu lenken ist zum Heil aller Menschen, indem sie entweder die ›Akribie‹ oder die ›Ökonomie‹ anwendet, je nach dem, was dem Heil dient. Wir danken für Ihre Aufmerksamkeit. Die Gnade Gottes sei mit Ihnen allen.«[154]

154 Ansprache seiner Heiligkeit des Ökumenischen Patriarchen Bartholomaios I. anlässlich seiner Ehrenpromotion zum Ehrendoktor der Universität Wien am 17.6.2004. www.zulehner.org